AF589033

REVUE

CRITIQUE ET ANALYTIQUE

DU

SALON DE 1840 A TOULOUSE.

Imprimerie d'Aug. Henault.

REVUE

CRITIQUE ET ANALYTIQUE

DU

SALON DE 1840 A TOULOUSE,

PRÉCÉDÉE D'UN

ESSAI SUR LA PEINTURE AUX 18e ET 19e SIÈCLES,

OU

COUP D'ŒIL SUR L'ÉTAT DE L'ART EN FRANCE DEPUIS CENT ANS.

PAR M. C. GAU.

PRIX : 50 CENT.

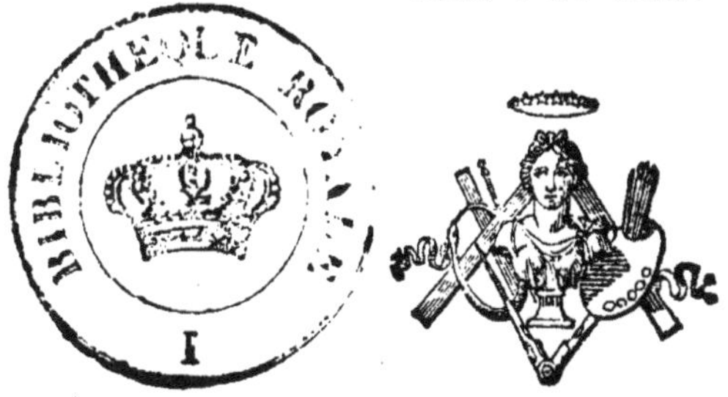

SE VEND A TOULOUSE,

A LA LIBRAIRIE PARISIENNE, RUE SAINT-ROME, 7.

1840.

REVUE

CRITIQUE ET ANALYTIQUE

DU

SALON DE 1840

A TOULOUSE.

Au milieu des élans convulsifs qui caractérisent notre époque ; parmi toutes les tentatives irréfléchies et hasardeuses que chaque jour voit follement éclore ; au sein de l'ébranlement général qui trouble et effraie nos anciennes croyances, notre vieille foi, nos séculaires habitudes ; à tout ce chaos de voix innovatrices, de cris délirans, d'essais horriblement audacieux, l'art reste-t-il stable, avec sa froide dignité, et sa magistrale influence ? Cet élément constitutif de la vie morale de l'homme, nous ne pouvons guère nous le dissimuler, est le reflet terne ou brillant de la décadence ou de la prospérité des nations. Sans étendre notre proposition, et sans entrer dans des développemens hors de mesure pour un cadre aussi étroit que le nôtre, nous nous contenterons de dire que l'art, enfant de l'amour inné du beau en lui-même, est présent partout ; mais, je le répète, pâle ou coloré, juvénile ou décrépit, vigoureux ou blémissant, selon que le corps social, dont il semble l'ombre inséparable, le jumeau gracieux et insaisissable, le frère intellectuel, et dont le même sang nourrit les artères, selon, dis-je, que le corps social a de la virtualité ou agonise, qu'il passe ses jours dans les fêtes somptueuses et solennelles, ou qu'il se brutifie dans les orgies, ou qu'il expire sur les décombres des empires écroulés.

L'art, et, dans la généralité de ce mot, nous comprenons tout ce qui tient à la création du génie de l'homme, l'art a donc pour mission de rechercher ce qui doit contribuer au bonheur de l'humanité tout entière. Oui, artistes, poètes, écrivains, votre tâche est noble et grave! A chacune de de vos productions vous voyez flotter la bannière des destinées de l'homme sur laquelle se lit une devise écrite par les siècles, ou plutôt transmise par la chute d'Adam, *bien* ou *mal*! Point de neutralité pour vous; vous exercez un sacerdoce imposant qui vous donne charge d'âmes et vous rend responsables de la mission de votre talent. Malheur donc au sombre génie qui réveille la voix du désespoir, qui arme de malédiction la bouche de l'athée, ou dessèche le cœur de l'incrédule en y versant le poison de l'égoïsme! Mais gloire aussi, trois fois gloire, à l'élu qui vient, le cœur riche de tous les dons du ciel, verser le baume de la morale du Christ sur les plaies de l'humanité, la consolation sur l'âme ulcérée, et dorer des rayons de l'espérance toute infortune, tout naufrage, toute vicissitude terrestre!

Malheur encore à ces enfans prodigues qui gaspillent les trésors d'intelligence que le créateur leur confia, dans les désordres du libertinage de l'esprit, jetant à tout venant des fleurs fanées au souffle du scepticisme, de l'impiété, de la débauche littéraire. Hélas! fraîches et poétiques couronnes, chants vierges et gracieux, avenir riant et splendide, ces esprits égarés ou séduits dépensent toute les facultés, toute la puissance, tout le bonheur d'une existence d'élite dans les orgies de l'imagination, où il finissent par succomber d'épuisement aux bruits des cris d'indignation et d'anathème soulevés par leurs turpitudes et leurs égaremens.

On a répété jusqu'à satiété, depuis les premières années de notre siècle, que la littérature est l'expression de l'époque; on pourrait le dire, avec au moins autant de raison, de la peinture, ou pour mieux parler, comme nous l'avons avancé dans nos premières lignes, de l'art en général qui subit toujours l'influence sociale ou religieuse du temps qui l'inspire. Il nous serait facile, en remontant bien haut, de développer cette vérité philosophique en l'appuyant de faits et de preuves incontestables; mais obligé de nous restreindre, nous constaterons notre assertion en prenant pour point de départ, et d'une manière superficielle et sommaire, l'état de l'art au 18e siècle, avant David, nous réservant d'en signaler successivement les diverses transformations ou modifications jusqu'à nos jours.

La civilisation mourante du 18e siècle, avec son caractère de légèreté, de galanterie et d'insouciance, nous ne parlons point de ses douze dernières années, ressemble à l'existence artificielle d'un vieillard décrépit qui s'excite à la volupté, à la jouissance des plaisirs sensuels par tous les moyens ingénieux ou coupables qui peuvent ranimer en lui quelques-unes de ces facultés éteintes par l'abus de l'intempérance. C'est le délire mythologique de tous les plaisirs du paganisme; partout des amours, des grâces, des Vénus. Mille boudoirs de nos belles l'auraient emporté sur les berceaux si frais de la reine d'Idalie. Les onduleuses draperies, les mystérieux sanctuaires, les fleurs, les parfums, tout portait l'enivrement dans les sens. Et puis arrivaient les Crébillon, les Dorat, les Bernis; les adorables du salon avec leur spirituelle et agaçante narration, les abbés musqués avec leurs madrigaux tissus et pailletés de fades sentimens, et les poëtes avec leurs hémistiches à l'eau rose. Quand on songe que sous cette couche émaillée de fleurs si frêles, embaumée de parfums si allanguissans, grondait sourd et si terrible le volcan qui menaçait de tout engloutir, n'attendant que la main de fer des encyclopédistes pour en ouvrir l'épouvantable cratère... C'est à ne pas croire à la sécurité de toute cette insoucieuse et folle jeunesse qui ne comptait ses jours que par les triomphes de la galanterie, et ses nuits que par les excès de la débauche.

Tout étant ainsi, l'art, pour traduire la pensée aux yeux, se glissait partout en parasite obséquieux. Son pinceau, plein de coquetterie, savait encore embellir les traits les plus séduisans, donner plus de voluptueuse langueur aux poses enchanteresses, armer le regard de plus de mièvrerie, le sourire de plus délirans aveux. Les allégories avaient envahi les ateliers des peintres les plus renommés du temps, et Boucher, Greuze, et les Vanloo précipitèrent l'art dans la manière, par la représentation des scènes les plus passionnées et les plus im morales. Carle Vanloo pourtant a de moins que Boucher à se reprocher un genre lascif et libertin. Ses femmes sont moins indécentes ; elles ne montrent pas toutes leurs jambes, on ne voit point leur poitrine partout, comme chez son rival, qui secoue toute réserve, toute pudeur. Tout tournait à cette époque au madrigal, au calembourg, à l'allégorie, et les peintres en remplissaient leurs toiles, caressées par un pinceau fade et mignard, ou profanées et corrompues par une touche éhontée et scandaleuse. C'est ainsi qu'on devait leur tenir compte de leur chasteté presque châtouilleuse, lorsqu'ils représentaient une jeune fille séduite, en cassant un œuf au pied de leur lit, ou en montrant une cage entr'ouverte dont un oiseau s'était envolé. Greuze aussi, qui n'a peut-être pas autant de cet esprit d'alors que le premier peintre du roi, mais qui a plus de sentiment, plus de poésie que Boucher, Greuze saura, en sacrifiant à l'esprit de l'école, se faire absoudre un peu de ces puérils et insipides calembourgs. Pour représenter le même sujet, Greuze pourra bien suspendre au bras de la jeune fille séduite une cruche cassée, et jeter une rose effeuillée sur son sein, mais en revanche, comme l'observe un critique moderne, *qu'il y aura de honte dans les yeux! de honte, de plaisir et d'étonnement à la fois! Quel sentiment vrai animera son visage! et dans toute cette jeune femme, qui revient de la fontaine avec sa cruche brisée, qu'il y aura encore de virginité! Puis, avec tout cela, quelle adresse de dessin! quelle ardeur de coloris! où trouver un linge plus flottant, mieux chiffonné! et cette jolie taille peut elle être saisie plus gracieusement, plus amoureusement par son corsage!* Ce joli tableau que l'on voit au musée de Paris attestera toujours que Greuze, réhabilité par la nouvelle école, seul et sans conteste, entre tous ses contemporains, est un artiste bien peintre et bien poète : ses moindres esquisses sont à un prix très-élevé aujourd'hui.

En joignant au nom de ces artistes celui de Joseph Vernet qui, de son vivant, n'eut pas moins de réputation que Greuze et Boucher, dans un autre genre, nous aurons mentionné les maîtres dont les ouvrages résument le mieux le caractère de la peinture dans la seconde moitié du dix-huitième siècle.

Cependant, l'inquiétude morale qui commençait à se manifester dans les esprits, se faisait sentir aussi dans les arts, avant la foudroyante catastrophe qui épouvanta l'Europe. Il y a dans l'homme un pressentiment vague qui lui révèle l'approche des sinistres sociaux, comme le vol précipité ou le cri d'effroi de l'oiseau marin annonce la tempête au matelot. Ce moment de transition dans les mœurs, reflété par les œuvres de Voltaire et de Diderot dans les lettres, l'est peut-être aussi par les productions de Vien dans la peinture; et l'on peut dire, jusqu'à un certain point, que si Rollin et Jean-Baptiste Rousseau contribuèrent à soutenir le bon goût dans le domaine de la littérature, Vien aussi, par ses lumières, ses études, et par l'autorité de son caractère et de sa réputation, contribua à émanciper son art de l'état de dégradation morale où il se vautrait depuis long-temps.

Vien était un de ces hommes qui, disputés par l'habitude et l'instinct, sont rarement aptes à produire de grandes œuvres, d'impérissables monumens. Entouré de mauvais goût, d'un côté, et sollicité par ses propres réflexions de l'autre, ce peintre se sentit hésiter, en présence de son chevalet; sa pensée n'était pas assez courageuse, sa main tremblait et manquait d'audace, ou plutôt, disons-le vite, l'artiste n'avait pas foi en sa puissance. Il n'était point doué de ce feu électrique, de cette chaleureuse spontanéité qui révèlent un homme de génie, et le rendent propre à opérer une révolution; mais il avait assez de rectitude dans le jugement, assez de savoir et de persévérance, pour bien diriger de saines études, et surtout assez de richesses d'observations pour semer ça et là des germes qu'un génie plus brûlant devait féconder. Le titre le plus recommandable auprès de la postérité, pour l'auteur de Saint-Denis, est donc d'avoir fait David : Vien se posa entre Boucher et son élève, comme un jalon transitoire qui sépare deux écoles du caractère le plus dissemblable.

Arriva David, dont l'irrésistible penchant pour la peinture se manifesta dans l'atelier de Boucher, son parent. Mais, soit que celui-ci se souciât peu de faire école, soit qu'il aimât mieux se livrer à une vie tout excentrique, ou peut-être aussi qu'il reconnût les théories de Vien meilleures que les siennes, Boucher lui confia le jeune élève.

Le sanctuaire de l'art à cette époque était un véritable marché. Les Raphaël du jour, avides d'argent plus que de gloire, n'ambitionnaient le titre de peintres de S. M. qu'afin d'être appelés à orner les boudoirs de ses maîtresses et les antichambres de ses valets. Cette belle muse, que l'on aime à rêver noble et gracieuse, le diadême au front, la tunique flottante, et les ailes déployées sous un ciel beau comme celui de la Grèce ! les profanes ! ils en avaient fait une dame d'honneur, une suivante aux gages de Mme de Pompadour !

Ce spectacle fut triste et décourageant pour David, qui avait commencé à pressentir sous Vien que telle n'était pas la destinée de l'art. Cependant, il travaille avec ardeur ; il obtient en 1772 le second prix à l'académie, avec son tableau *du combat de Minerve contre Mars, secouru par Vénus* ; trois ans plus tard, il remporte le premier prix avec celui des *Amours d'Antiochus et de Stratonice ;* pour comble de bonheur, presqu'aussitôt son maître est nommé directeur de l'Ecole-Française à Rome, et ils partent ensemble pour l'Italie.

A peine il a touché le sol classique de la patrie des beaux-arts que David pousse un cri d'étonnement et de joie. C'est alors qu'il put juger combien l'école française était fourvoyée. Plein du courage et de l'ambition des grandes ames, il semble vouloir tout oublier, pour tout apprendre de nouveau ; et le voilà, de monument en monument, de chef-d'œuvre en chef-d'œuvre, de bas-relief en bas-relief, copiant, dessinant, peignant sans cesse, toujours sous l'aile inspiratrice du génie de l'antiquité, qui ne le quitte ni nuit ni jour, bel ange, au regard noble, aux formes pures, aux mouvemens grâcieux, qui lui sourit, et le caressse et le guide comme son ange gardien.

Cependant, ne se défiant pas assez d'un enthousiasme allumé au véritable foyer de l'art idéal, le fanatisme de David pour les sculptures antiques l'égara. Extrême, comme on l'est souvent dans un temps de réaction, il outra, il exagéra les sérieuses études qu'il entreprit. Du futile il poussa à l'exagéré, du désordre efféminé et du dévergondage il tomba dans la symétrie et la froideur ; en un mot, du boudoir de Mme de Pompadour il monta jusqu'au temple de Minerve. Sans cesse agenouillé devant un marbre il s'accoutuma à découper, à arrêter avec raideur, et ce qui nuisit le plus à ses productions, il prit l'habitude aussi de trop raisonner ses inspirations, de trop calculer sa verve : il ne sacrifia jamais une pose favorable à l'art, pour un mouvement indispensable au drame; son intelligence n'alla pas jusqu'à voir qu'il valait autant émouvoir le cœur que de satisfaire l'œil.

Comme les ouvrages de David sont connus de tout le monde, nous nous contenterons de dire, pour abréger nos rapprochemens et la sympathie de l'art avec les mouvemens sociaux, que la voix de la tempête révolutionnaire servit merveilleusement son penchant à l'agrandissement de la peinture. Le bruit horrible de l'ouragan qui venait de déraciner en France un passé de quatorze siècles, fit trembler tous les trônes de l'Europe, et ce vent furieux, en glissant en Italie comme ailleurs, fut comme un murmure inspirateur pour David. Son ame républicaine se dilata au mot si chaleureux de liberté; sa verve bondit, sa palette se chargea de couleurs de sang, et sur sa toile respirèrent les scènes les plus patriotiques de l'antiquité : Léonidas défendit les Thermopyles, les soldats de Romulus enlevèrent les Sabines, Brutus, le farouche consul, auquel une législation féroce arracha les entrailles de père, Brutus immola ses enfans à la patrie; et puis sous ses yeux, dans notre France, il fit poser l'homme qui venait de diviniser la république, lui donnant pour autel un échafaud, pour ministres des tigres, et pour sujets des morts, des cadavres sans nombre; il créa de verve le serment du Jeu-de-Paume; et puis encore, quand les derniers flots de la tempête se brisèrent aux pieds du génie du grand soldat de notre siècle, il fit l'empereur à l'Hôtel-de-Ville, l'empereur à Notre-Dame, la distribution des aigles, et le couronnement, qui fut peut-être la meilleure, comme elle est la plus populaire de ses productions. David, en résumant son influence comme réformateur, imprima un élan magnifique à la peinture, qu'il releva du dernier état d'avilissement; et par l'impulsion élevée et régénératrice qu'il donna à ses destinées, il doit être appelé un homme de génie : d'une courtisanne, d'*une fille de joie*, il fit, comme on l'a dit, *une muse antique*.

Nous voici au temps de l'empire. Sans entreprendre l'historique des nombreux élèves de David, et sans analyser leurs œuvres, nous ne pouvons passer sous silence ce qui peut caractériser l'école qui succéda à l'école républicaine, sa digne fille à tant d'égards. Pour cela, nous prendrons les quatre lieutenans qui se partagèrent l'héritage du roi du *savant pinceau*, comme l'appelait André Chénier, et auxquels ce brillant conquérant avait dit aussi, en mourant au milieu des excès et de l'abus de son amour pour l'antiquité, ce que le grand roi de Macédoine dit, en expirant à Babylone, au milieu de ses trophées et des excès du luxe et de l'intempérance asiatiques : *au plus digne*.

Comme les capitaines d'Alexandre, MM. Gros, Gérard, Girodet, et Guérin même, se partagèrent l'empire de l'art, et chacune de ces divisions suffit encore pour enrichir son possesseur d'un beau domaine, et lui donner l'éclat d'un grand renom de puissance. Comme on le pense bien, il y eut une grande ressemblance de famille entre ces enfans nourris du même lait artistique, une grande confraternité dans la couleur, et une allure tout identique dans le dessin. Seulement il y avait un peu plus de facilité chez l'un, plus de grâce et d'harmonie chez l'autre : l'un traçait et carrait plus hardiment ses lignes fanatisées de sculpture grecque et romaine; l'autre marquait mieux les muscles, arrondissait mieux ses contours, rendait les formes plus gracieuses, idéalisait, poétisait davantage.

Gros, Gérard et Girodet, surtout les deux derniers, avaient un double talent qui anoblit les diverses phases de leur carrière, par des productions tour-à-tour grandioses ou tendres, effrayantes ou pleines de grâce. Si l'on ne peut, sans admiration et saisissement, contempler le massacre du Caire, ou les scènes des mosquées de Girodet, quelle âme ne se surprendra à rêver d'amour auprès de son Endymion, ou quels yeux ne sentiront des larmes rouler auprès de son drame d'Atala ! il fallait la plume brûlante et passionnée de Châteaubriant pour écrire une telle page, et le pinceau poétique, la touche élégiaque de Girodet pour la retracer vivante au regard attendri, au cœur brisé de douleur.

Gérard, à côté de son beau tableau de *l'Entrée d'Henri IV à Paris*, peut aussi placer une œuvre d'un caractère tout mythologique, et où l'on rencontre tout ce qui plaît à l'œil, tout ce qui charme, tout ce qui ravit l'imagination. Sa *Psyché* est bien le type le plus ingénu, le plus virginal, le plus étonné de la fille à laquelle se révèle pour la première fois le sentiment d'un bonheur ignoré : sa pose naïve, ses draperies, l'ineffable expression de ses traits, tout cela est enchanteur, vrai, bien senti. Gérard, plus que dans aucun de ses autres ouvrages, y a mis cette harmonie, et cette unité de couleur qui sont le cachet de la grande peinture.

Gros, poète aussi, grand poète dans un genre plus sérieux, arriva brusquement à son faire large, à sa touche vigoureusement accentuée, en suivant aux combats celui qui savait inspirer le grand artiste, comme il savait électriser le plus petit soldat. Nous n'aurions pas les plus beaux vers d'Homère sans Achille ; et sans Bonaparte, Gros, le Xénophon de la peinture historique de l'empire, n'eut pas légué à l'admiration de la postérité ses plus belles toiles. Jaffa, Aboukir, Eylau, sont trois magnifiques chants de la plus glorieuse, de la plus sanglante épopée des temps modernes, comme la Bérésina en est la plus désastreuse et la plus déchirante péripétie. Son inspiration semblait suivre l'aigle des combats dans son vol sublime et rapide, et lorsqu'elle redescendait du ciel, d'où elle rapportait l'immortelle étincelle, Gros saisissait sa palette, y broyait et faisait bouillonner en couleur les bulletins les plus éloquens de nos victoires, et sa toile palpitait de tout l'intérêt épisodique des drames des batailles.

Avant le lever de l'astre vivificateur qui le fit grandir si vite sur l'horizon des arts, il faisait des miniatures à l'huile. Au déclin de ce météore civilisateur qui avait épouvanté tout les rois de l'Europe, Gros sentit aussi faiblir son génie; le pinceau lui tomba des mains, dès l'instant que la foudre échappa des serres de l'aigle impérial. Ces deux hommes moururent en regrettant l'un et l'autre les jours brillans d'une gloire infidèle; mais le géant de Ste.-Hélène vit encore son ombre effrayer les potentats qui mesuraient la distance qui les séparaient de lui, tandis que des vivans, heureux par la vogue, jetaient, hélas! le sarcasme et le dédain sur l'atelier de son grand peintre. L'un mourut au sein de l'Océan, l'autre fut retrouvé, égaré par le désespoir, au fond de la Seine.

Nous dirons peu de chose de Guérin, dont le talent sut rencontrer des effets souvent agréables à l'œil, mais qui se jeta dans une manière trop coquette, trop minaudière et visant trop à l'esprit. ***Les amours d'Enée et de Didon***, et le ***Marcus Sextus*** sont ses deux œuvres capitales. L'intérêt de la première repose sur un calembourg, c'est Ascagne, sous les traits de l'Amour, enlevant une bague à Didon; et ce tableau si séduisant au premier abord est une toile trop léchée, trop caressée, trop glacée. Le second ouvrage, qui fit tant de bruit à son apparition, est regardé aujourd'hui comme une méchante peinture. Le plus grand mérite de Guérin est d'avoir fait Eugène Delacroix, et surtout Géricault, comme la plus grande gloire de Vien est de nous avoir donné David.

La peinture impériale eut pour derniers représentans Horace Vernet et Charlet, qui la résument d'une manière complète. Le premier fit poser l'empire avec son faste, ses habits chamarrés d'or, sa pourpre, ses plumes et ses rubans ; le second le prit dans son intéressante vulgarité, dans le déshabillé de l'armée ; l'un était toujours au palais ou au milieu de l'état-major ; l'autre toujours à la caserne, parmi les conscrits et les grognards à moustache grise. Horace Vernet, avec tant de titres à l'admiration de ses contemporains que lui a acquis son talent si souple, si varié, a voulu encore en obtenir un de plus. Il a porté sa palette sous le soleil d'Afrique ; il a voulu, comme Girodet, retracer des exploits immortalisés par nos soldats sur la terre où combattirent les vaillans guerriers de tous les temps. A Athènes, on crut récompenser Miltiade en le faisant peindre au pécile, par Polygnote, en tête des dix chefs qui vainquirent à Marathon. Plus heureux que lui, nos généraux ont vu une main habile immortaliser leur victoire de Constantine, et une main royale décorer leur poitrine de l'insigne de l'honneur, en même temps qu'elle les enrichit des dons de la munificence de la patrie. Cimon n'aurait point aujourd'hui l'amère douleur de tendre son glorieux casque à sa famille ou à ses amis pour quêter l'aumône qui pouvait seule obtenir l'inhumation d'un père qui sauva la Grèce de l'invasion des Perses. De nos jours nous sommes plus jaloux des restes de nos héros ; nous les enlevons à la terre étrangère pour les honorer de toute la pompe due aux grandes vertus militaires : la basilique des Invalides retentit encore des regrets donnés à la cendre de Damrémont, et des magnificences funèbres qui l'ont accompagné au dernier séjour des braves. Et en ce moment, toute la France est déjà debout, le cœur palpitant de glorieux souvenirs, attendant avec un sentiment mêlé de respect, d'orgueil, et d'une solennelle tristesse, le retour de l'expédition qu'un des fils du Roi va entreprendre pour rendre à sa patrie les cendres du grand capitaine qui passa sa vie à moissonner des lauriers pour en joncher le sol de la France. Nous possédons plusieurs belles toiles d'Horace Vernet, sur lesquelles nous voyons le ciel de l'Afrique avec les Arabes d'Achmet-Bey, et les Français du duc de Nemours. Plus bas, nous reviendrons sur ce célèbre artiste.

M. Ingres, justement appelé le Raphaël de notre temps, par la correction, la netteté et le grandiose de son crayon, semble s'interposer entre les élèves de David et Géricault Delacroix et Champmartin, les chefs de l'école romantique. Il est comme la majestueuse colonne qui sépare deux écoles opposées et pourtant riches, l'une de brillantes dotations et l'autre d'ardentes espérances, et de quelques audacieuses et magnifiques tentatives aussi. A Géricault surtout, cet Homère de la peinture moderne, ce sublime poète, mort si jeune, à lui le sceptre de la nouvelle école. Son naufrage de la *Méduse* révolutionna tout l'art et ébranla, quoiqu'ils criassent au scandale, tous ceux qui avaient chargé leurs palettes de la froide couleur de David. On ne détrône pas facilement un colosse, un tyran; aussi cette réaction, quoiqu'annoncée et consacrée, par un chef-d'œuvre, par un drame d'une harmonie lugubre et saisissante ou se marient avec magie toutes les richesses de l'art, vérité de scène, dessin antique par sa pureté, et naïf et naturel par la reproduction des formes des personnages, entente de la lumière, poésie de la couleur, cette réaction dis-je, souleva toutes les susceptibilités académiques et caduques, comme plus tard Victor Hugo fit gronder le canon d'alarme littéraire dont s'emparèrent MM. Duval et Baour-Lormian, pour brûler toute leur poudre classique et trop souvent impuissante. Sans aucun doute, s'il eût vécu, Géricault aurait apporté au monde artistique moderne un nom aussi splendide que les plus beaux dont se glorifie l'Italie depuis la renaissance.

Mais après lui arriva un effrayant abus de toutes choses. Plus de mot de ralliement, plus de camp, plus de drapeau; la république et puis le chaos. Le dévergondage, le hideux, le laid, étaient pris pour le goût, pour l'amour du vrai; et de tous côtés se ruaient, avec leur palette révolutionnaire et leur brosse indépendante, les ardens jacobins de la peinture : celle-ci vit s'accomplir son 93; l'émeute gronda dans l'atelier avec son cynisme, son impudence, sa brutalité. Le temple des arts devint un club où chacun s'arrogea le droit de voter. Aussi, gands dieux! quelle confusion, quel désordre, mais parfois quelle ardeur, quelle énergie dans ce mouvement de révolte dont Géricault fut le Mirabeau.

L'homogénéité de la littérature et de l'art avec notre époque d'essais, de transition, de malaise, de besoins, a été trop souvent constatée, pour que nous ayons besoin de nous évertuer à prouver leur marche simultanée, inséparable. On sait tout ce qu'ont remué nos jeunes hommes de lettres; avec quelle véhémente colère ils ont démoli, avec quel infatigable zèle ils ont reconstruit : ici, terrassant des réputations exclusives ou usurpées; là, réhabilitant des gloires trop tôt oubliées; partout fouillant sans cesse dans les recoins des siècles, et, secouant les vieilles légendes, et soulevant la poussière des bibliothèques pour consulter des chartes, étudier des chroniques ou des manuscrits qui conservaient leur virginité historique au fond de leurs obscurs rayons, virginité respectée par tant de règnes et de *pudibonds* savans.

La littérature, comme la peinture, essaya de tout pendant les dernières années de la restauration et les premières de la révolution de juillet. Cependant, malgré cette indépendance de l'art, on a pu reconnaître parmi les combattans quelques cohortes ayant chacune leur drapeau, leur chef, leur charte artistique. C'est ainsi que l'école de M. Ingres avait écrit sur sa bannière : Raphaël et l'Odalisque, c'est-à-dire le purisme du dessin avec la grâce antique.

H. Vernet marcha à la tête d'un bataillon où brillaient Dubufe, Lépaule, Feron Larivière; vinrent ensuite, en avant d'une autre phalange, MM. Décamps et Isabey, les princes du genre, suivis de près par Lepoitevin ; puis M. Camille Roqueplan, puis encore quelques autres beaux talens pouvant exhiber de beaux titres, tels que M. Boulanger, les Johannot, etc.

La sagesse du crayon de M. Ingres, la noblesse de ses compositions, sa prudente et respectueuse réserve pour l'art, l'isolèrent du mouvement galvanique qui faisait tout bondir autour de lui, comme une violente secousse de l'Etna : il ne sympathise pas avec son époque, et nous avons peut-être à nous en féliciter. Si Vien secourut l'art au dix-huitième siècle, si David le réforma avec puissance pendant la république, Ingres, nous n'hésitons point à le dire, le préserva de nos jours d'une conspiration de démocrates qui voulaient en faire un ignoble tribun, de dictateur que David en avait fait.

Dans tous les temps de danger pour les lettres, comme pour les arts, il apparaît au monde des esprits médiateurs qui transigent, ou des âmes fortes qui combattent courageusement pour la foi de leurs pères. Ingres, arrivé avec la restauration, se posa comme la protestation vivante, comme l'opposition incarnée de la peinture. Il est la personnification *juste-milieu* dans ce conflit d'œuvres entachées, d'un côté, d'un passé tyrannique, et de l'autre d'œuvres bouillonnantes de l'indépendance alarmante dont chacun voulait doter l'avenir. Dans la période à laquelle il appartient, on doit placer H. Vernet, son redoutable rival, moins statuaire, moins dessinateur, sans contredit, mais plus poète, plus peintre que lui. Vernet est le véritable représentant, le type significatif de son époque, son génie ardent se reflète de tout ce qui l'entoure. Son pinceau écrit énergiquement les dernières pages de l'empire ; il mouille des larmes des braves le drapeau si glorieux que Napoléon, leur montra, pour la dernière fois, à Fontainebleau ; et de là, après avoir fermé le règne impérial, il s'élance dans la restauration, jamais stationnaire, toujours alerte, mêlant sa muse à toutes les folies de la littérature, et faisant toujours marcher ainsi la peinture avec cette sœur jumelle, fées brillantes et mobiles, folles ou plaintives, qui font toujours échange de sourires, de larmes, de drame, de poésie, et qui ne se séparent jamais, quels que soient les dangers qui les menacent, les orgies qui les déshonorent ou les triomphes qui les glorifient.

Ingres est donc notre premier dessinateur, notre Raphaël, si l'on veut, pour les lignes, les formes gracieuses, et savamment calculées, sculptant aussi-bien sur la toile que Phidias sur le marbre; mais, s'il a pris de Raphaël, qu'il a copié pendant vingt ans, tout ce qui tient du coup d'œil, de la légèreté, de l'habileté d'exécution, disons le mot, du métier, il n'a pu prendre son âme, cette émanation céleste, si vibrante de poésie, d'émotions, qui a placé l'auteur de la *Transfiguration* beaucoup plus haut que l'humanité, ange voyageur qui semblait résider au ciel, et ne venir visiter la terre que pour faire admirer les merveilles de sa sphère natale, ou nous révéler sur des traits divins la béatitude du royaume de Jehova.

En résumant ce que nous avons dit des deux grands peintres de notre école, Ingres, peu fécond, est un homme utile, plein de talent, mais étranger au mouvement inquiet et régénérateur de notre société moderne. Horace Vernet, au contraire, avec sa palette infatigable, sacrifie à toutes les exigences, prête à tout son drame et sa couleur, s'allie intimement à son époque d'investigation et d'originalité. Suivez-le, vous le trouverez sanglant ou lascif, dévergondé ou souffrant, tantôt au milieu des batailles, tantôt au chevet d'Holopherne, ivre de volupté; ici avec de jeunes femmes qui dansent; plus loin avec des vivandières qui donnent à boire à des prisonniers qui tournent leur dernier regard vers leur patrie, ou qui mêlent leurs plaintes et leurs larmes aux regrets des vétérans, dont le front, sillonné de blessures, s'incline pensif sur les cadavres de leurs frères d'armes; et puis des chasses, des chevaux, son *Poniatowsky*, s'élançant dans l'Elster, et son *Mazeppa*, assailli par des loups qui hurlent, ou qu'entourent les cavales du désert. Je n'en finirais point, si je voulais rappeler tout ce qui est échappé de ce fécond et brûlant pinceau; aussi, je ne parle point de son *Aïeul*, attaché au mât du navire battu par les flots de la tempête en furie; je ne dis rien de son *Pacha*, je me tais même, aimant mieux la contempler et l'admirer, je me tais sur son *Edith*, sa ravissante Edith, au cou ondulant et plein de grâce.

Plaçons-nous enfin au milieu de la jeune armée, qui a tant combattu pour rendre illustre l'étendard de la nouvelle école. Voyez autour de Géricault se presser, bouillante d'ardeur, fière de son indépendance, toute une génération d'artistes. Ecoutez leurs chants de victoire, pendant qu'ils s'abritent sous les mille couleurs de leur drapeau, qui flotte à tous les vents, et que leur chef montre à l'avenir, qui semble sourire à tant d'élans généreux! Place, médiocres copistes, tourbe rampante à jamais, place! laissez-nous voir les beaux fronts que le soleil des arts irradie de ses rayons les plus splendides, les plus caressans. Ah! au dessus de cette foule, je vois Delaroche et Delacroix, élevant leur tête, déjà radieuse, et autour de laquelle semble flamboyer la naissante auréole du génie. Tous deux sont déjà grands, et la renommée les proclame avec éclat. Leur talent éveille de nombreuses sympathies; approchons pour mieux juger leur manière de sentir et le caractère définitif de leur *faire*.

L'auteur de l'*Elisabeth* et des *Enfans d'Edouard* sollicite la plus minutieuse analyse; sans abandonner le drame, il aime à séduire l'œil par la perfection avec laquelle il fait la nature morte. On ne drape pas mieux les étoffes, on ne cisèle pas mieux les meubles, on ne choisit pas les ornemens avec plus de goût : sa peinture, toute extérieure, est plus monotone, mais plus vraie; celle de M. Eugène Delacroix est moins technique, mais plus pittoresque, plus poétique. Delaroche a moins de fougue, il est plus méticuleux; il emprunte souvent le crayon de David et le pinceau de Géricault; il a le tact de vouloir marier l'antique muse au génie moderne, le dessin à la poétique couleur; mais parce qu'il manque d'audace, son talent manque aussi d'originalité. Aussi, ne se sentant pas doué de la céleste faculté qui crée, il s'est attaché à perfectionner l'art qui reproduit, et il y a réussi d'une manière brillante. M. Delacroix, lui, plus poète que peintre, laisse courir, guidée par sa brûlante pensée, sa brosse hardie sur la toile. Il rend palpitantes toutes les parties de son drame : dans son ***Massacre de Scio***, il a animé la scène d'une couleur chaleureuse qui cherche ardemment l'effet qu'il est toujours sûr de trouver. Son pinceau téméraire grandit avec le danger; la lutte lui plaît, et son ame n'est à son aise et ne se déploie que lorsqu'elle est excitée. En deux mots, Delaroche est un homme de méditation, d'étude, de noble et sage exécution; Delacroix est un peintre d'inspiration, que la verve fait bondir, que l'actualité entraîne.

A côté de ces noms, il y aurait encore un grand nombre de beaux noms à inscrire; mais comme nous n'avons souci que de constater l'état de l'art, et que nous chercherions en vain un roi à la tête de tant de princes du pinceau, nous nous contenterons de dire que rien ne se formule d'une manière didactique, scolastique. De nos jours surtout fraternisent, avec un amour passionné, la littérature et la peinture pour réfléchir la physionomie triste, inquiète et souvent fébrile de notre siècle. La peinture prend rarement l'initiative; elle se contente de venir en aide à sa sœur; mais si la littérature, avec ses mille voix qui retentissent dans la presse, jetant au vent de la renommée tout ce que la pensée fait éclore ; si la littérature popularise plutôt l'idée dominante, la peinture, de son côté, silencieuse, la burine, l'immobilise plus longtemps sur la toile ; et souvent un livre est oublié, ou n'est pas lu, pendant que l'œuvre qu'il a inspirée est avidement étudiée par tous les regards, aimée de tous les esprits.

Voyez comme les arts se complètent l'un par l'autre : la littérature, reine de la pensée, tire du néant un monde nouveau, et aussitôt la peinture le dramatise aux regards, et la musique, dont nous ne dirons que ce mot aujourd'hui, le transforme en émotions terribles ou touchantes, en faisant vibrer les fibres les plus cachées, les plus délicates du cœur. Aussi le nom de tel peintre s'associe spontanément avec celui de tel poète ; Delacroix et V. Hugo s'enflamment du lyrisme de leur art : Ary Scheffer écoute les chants plaintifs de nos bardes, et sa touche s'empreint de la teinte élégiaque de notre époque. Sa muse féconde et facile aime à rêver sous le ciel des peintres coloristes, à côté de Rembrandt, de Rubens, de Titien : pleine de naïveté, et d'un noble laisser-aller, sa toile soupire en douleurs fortes et viriles ; ce ne sont plus les regrets langoureux, l'idylle larmoyante, les sentimens étiolés du dix-huitième siècle ; non, c'est la plainte déchirante d'un siècle héroïque, c'est le cri de mort de tout une patrie, le crêpe des funérailles de tout un avenir.

Quoique nous ne puissions point analyser les œuvres de tous les peintres recommandables de la nouvelle école, on nous en voudrait, et notre tâche serait incomplète, si nous ne parlions point de ceux qui ont fait honneur aux diverses branches de l'art. Nous ne saurions oublier l'auteur si populaire *des Moissonneurs*, ce Robert qui n'a plus voulu vivre après avoir terminé un chef-d'œuvre, *les pêcheurs de l'Adriatique*. Nous signalerons encore Sigalon, déjà l'auteur d'un grand nombre de productions remarquables, mort aussi pour aller rejoindre Raphaël ; Camille Roqueplan dont le *J J. Rousseau* l'a placé si haut parmi les peintres de *genre*. Son talent est spirituel et plein de souplesse, et aucune difficulté ne lui fait abandonner ce que son imagination a conçu, ce que son ame a rêvé : soleil éclatant, gazons touffus et mouvans, scènes pastorales, mugissement de la mer, horizon vaporeux, effets de nuit, tout sort sans peine de son pinceau plein d'expansion et souvent de gaîté, quoique la mélancolie soit un des caractères distinctifs de sa peinture. A côté de lui plaçons vîte, pour ne pas les oublier Biard, aux caprices pleins de sève, Tony et Alfred Johannot, Décamps, Devéria, Louis Boulanger et Ziègler, qui brisa la lisière d'Ingres et s'échappa de son atelier pour marcher avec ses contemporains.

La marine a pour chefs : Isabey, Garneray, Roqueplan, Gudin.

Le paysage a pour célébrités : Bertin, Aligny et Corot.... suivis d'une foule à ne pas trouver assez d'arbres pour abriter chacun d'eux pendant l'orage.

Reste le portrait pour avoir caractérisé les divers genres ; et ici nous ne citerons que des noms propres : Ingres, Mme de Mirbel, Champmartin, Belloc, Ary Scheffer et quelques autres. Nous ajouterons seulement que le portrait, comme le font ces artistes, est une œuvre d'art qui mérite les honneurs de l'analyse et de la louange qui ne leur ont pas été épargnés.

Tel est, en France, l'état actuel de l'art dont nous venons de crayonner rapidement l'histoire sommaire, pour aboutir à la revue d'une exposition de province. Certes, c'est venir de bien loin pour arriver au salon de Toulouse ; c'est descendre de bien haut pour nous placer en face de nos artistes, et jamais, dira peut-être quelque intolérant ou dédaigneux critique, jamais le *mons parturiens* n'eut de plus directe application. Pour répondre à toute objection de cette nature, et justifier les dimensions de notre cadre, nous ne dirons qu'un mot. Notre intention étant de passer en revue les productions de nos peintres et de nos sculpteurs, nous avons voulu formuler notre profession de foi par l'examen des œuvres de nos grands maîtres, et poser les jalons qui pourront nous guider dans nos excursions artistiques, en constatant d'avance les diverses phases et les principales transformations de l'art depuis un siècle.

Pour mettre de l'ordre dans notre appréciation critique, nous examinerons chaque genre en particulier; nous commencerons par les inspirations les plus dignes de fixer l'attention générale, par celles qui ont retracé les sujets les plus importans. Après les tableaux d'histoire nous aborderons les peintures anecdotiques, les tableaux de genre, les portraits et nous finirons par les paysages et les marines.

Quoique nous ayons l'intention de dire notre opinion sur les sculptures qui sont exposées, nous n'avons point tracé l'historique de cette partie de l'art qui semblait inséparable de celui que nous avons donné de la peinture, par la raison que ce travail aurait dépassé les bornes que nous nous sommes prescrites. D'ailleurs toutes les Muses sont sœurs, et ces deux-ci ont des habitudes si communes, un instinct, un penchant si semblables, que l'histoire de l'une est presque l'histoire de l'autre. Chez tel sculpteur il ne manque que la couleur, chez tel peintre la toile n'est souvent que du marbre.

MM. VILLEMSENS. — SAURINE. — PRÉVOST. — JACQUAND. BOULANGER (1).

M. Villemsens, un de nos plus féconds, de nos plus consciencieux artistes, dont les immenses progrès attestent les sévères études et le placent déjà au rang des plus habiles peintres de la province, M. Villemsens apporte à notre exposition douze compositions, grandes ou petites, et dont quelques-unes révèlent la plus grande habileté.

Son *Christ* sur la croix est un sujet traité, on le sait, par les peintres de tous les temps, de tous les pays, de tous les talens, et pourtant offrant toujours au pinceau savant de nouvelles ressources. Quoique usée, et peut-être parce qu'elle est usée, il faut avoir la conscience de sa force pour se mesurer à une pareille donnée. Une double nature, un double sentiment, une expression à la fois divine et humaine, l'homme et le Dieu, la victime de la terre et le roi du ciel, les souffrances de la créature succombant au dévouement du Rédempteur, tout cela est grand, sublime, et demande un savoir à la hauteur de ces exigences de l'art et de la portée mystique

---

(1) Nous croyons devoir dire, avant de commencer notre revue, que notre intention n'est pas de comparer la valeur du talent des exposans entr'eux; c'est la tâche du juri. C'est donc sans aucune espèce d'intention que nous parlerons d'un artiste plutôt que d'un autre : nous n'avons jamais songé à analyser leurs œuvres par ordre de mérite.

qui domine l'exécution. Ce grand drame, cette épopée, intime du rachat de l'homme déchu, cet ineffable mystère, en un mot, doit presque palpiter sur la toile et se retracer aux yeux du spectateur. Eh bien ! cette tâche immense, nous osons affirmer que le peintre l'a dignement remplie. Sur cette tête penchée par la souffrance, dans ces traits altérés par les combats intérieurs que se livrent la nature humaine et la nature divine, se révèlent à la fois l'amour, le pardon, la résignation du Sauveur des hommes. M. Villemsens étant, de tous les exposans, le seul qui ait abordé le nu sur une toile de grande dimension, nous allons examiner cette belle page, comme œuvre d'art, après l'avoir analysée comme conception.

Quoique la pose du Christ, pose toujours forcée, nous semble fort difficile à rendre, non seulement d'une manière vraie, mais même d'une façon vraisemblable, le dessin nous en paraît irréprochable. Au premier aspect néanmoins, quelque chose paraît choquant dans la jambe gauche : l'avancement du genou, occasionant un petit raccourci, demande beaucoup d'attention pour qu'on ne l'accuse pas d'irrégularité dans ses proportions. L'anatomie des bras et du torse surtout est savamment étudiée. Tout en est vrai sans exagération, et correct sans minutie ; le squelette y est parfaitement senti sous l'épiderme souffrante qui le recouvre. Il y a de la justesse dans les mouvemens, et beaucoup d'accord dans ce laisser-aller d'une nature qui va succomber aux dernières crises de la mort.

L'artiste a saisi le moment solennel où la victime du peuple juif, ayant épuisé tout ce que l'homme peut endurer de tourmens, tout ce que le Dieu peut abjurer de puissance, afin d'accomplir le plus grand des mystères, l'artiste ; disons-nous, a saisi le moment où Jésus s'écrie : ***Eli, Eli, lamma sabacthani !*** c'est-à-dire, ***mon Dieu, mon Dieu, pourquoi m'avez-vous abandonné ?*** Son regard suppliant nâvre l'ame, et de sa bouche entr'ouverte, et près de rendre le dernier soupir, on croit entendre sortir une dernière fois des paroles de miséricorde en faveur de ses persécuteurs, ***qui ne savent ce qu'ils font.***

La couleur ne mérite que des éloges, et la teinte sombre qui environne la scène s'accorde non-seulement avec la pensée commandée par le sujet, mais avec la vérité historique qui nous retrace la nature entière participant au deuil des disciples de Jésus. Ces tons, éclairés par une lumière sinistre, se marient bien avec le travail intérieur de l'angoisse et de la douleur. On sent l'oppression dans cette poitrine, sous ces teintes légèrement violacées. Les attaches des muscles, fortement tendues, amènent à l'extrémité des bras des crispations nerveuses occasionées par les clous enfoncés dans les mains, et d'une vérité saisissante. Le gonflement des pieds, de ces pieds admirablement peints, annoncent bien aussi la douleur qu'une résignation divine ne peut dissimuler; en un mot, dans l'ensemble des lignes, purement dessinées, dans la variété des tons harmonieusement distribués et fondus, dans le modelé des détails bien finis, mais sans mesquinerie, comme dans la touche hardie mais sagement accentuée, partout on reconnaît le bon coloriste et l'habile dessinateur.

Et cette Madeleine, agenouillée avec toute la passion du repentir, avec tout l'abandon de l'amour divin... On pleure, on gémit avec elle, sans cesser d'admirer la beauté de ses formes, l'expression angélique de ses émotions. Sous cette chevelure flottante, sous ces draperies négligemment jetées, respirent, agitées par mille souvenirs de remords, ces carnations toutes mondaines encore, et que la macération de la pénitence n'a pas eu le temps de mortifier. La souffrance du ***Christ*** de M. Villemsens, les plaintes de sa Madeleine ne sont pas saisissantes, ne font point battre le cœur avec force, ne le brisent pas comme l'admirable esquisse de Rubens que possède notre Musée. Les traits de l'homme-Dieu n'y sont pas aussi affreusement contractés, la verve de la douleur et des derniers momens de la vie n'en est pas si excentrique, si déchirante; les larmes de sa Madeleine ne sont point aussi amères, il n'y a pas tant de sanglots dans sa poitrine; mais, après l'admirable jet du maître flamand, nous croyons qu'on peut s'arrêter devant le beau tableau de M. Villemsens, et c'est là un grand éloge pour notre jeune peintre.

Comme tableau de mœurs populaires, les *Pétitionnaires* présentent un effet animé, attrayant à étudier. Ce sujet ramassé dans la rue, et presque dans la boue; est rendu par l'artiste avec un grand bonheur d'observation. Au premier aspect on est tenté de blâmer ce groupe hideux de personnages qui se détache, sur le premier plan, à droite du pêle-mêle des pétitionnaires; mais en tenant compte de l'intention, de l'exigence peut-être du sujet, M. Villemsens ne pouvait guère oublier cette femme ignoble et ce gueux déguenillé, dont la cynique allure révèle le côté profane, infâme peut-être, de la mendicité (1); tandis que, au milieu de ces groupes agités de toutes les émotions de la misère et du besoin, se détachent des figures empreintes de tous les sentimens de l'indigence depuis la sainteté de la souffrance jusqu'à l'insouciante habitude de la détresse. Il est évident que l'artiste a voulu surtout exploiter une idée commune, puiser dans les mœurs du dernier étage de la société, pour avoir occasion d'étudier les types, les caractères divers, francs ou hypocrites qui se trouvent dans la classe infime et souillée tant

---

(1) Le sujet est pris dans une ordonnance municipale rendue contre la mendicité, il y a quelques années; les pauvres se rallient pour demander aux autorités la continuation de ce qu'on pourrait appeler, pour beaucoup, leur métier.

de fois par tous les vices du dévergondage, à côté de ceux qui sanctifient presque la pauvreté. Sous ce rapport, il n'y a que des éloges à donner à l'auteur de cette toile habilement peinte. Les physionomies y sont groupées avec un art qui ne contrarie jamais la vraisemblance : vérité d'expression, vigueur de touche, distribution de lumière, plans rapprochés, mais fuyant bien sous l'arcade de l'Hôtel-de-Ville, sous lequel se passe la scène, tout cela est d'un excellent effet et demande grâce pour le peintre qui aurait dû peut-être employer les belles ressources de son talent distingué à retracer des scènes plus nobles, plus attachantes, plus sympathiques, si je puis le dire.

Ce qui manque à cet artiste, c'est le choix des sujets, qu'une étude sévère de l'histoire peut seule fournir. Que cet artiste, je le répète, consacre les belles qualités de son talent à reproduire quelque grande scène historique, à faire vivre sur la toile un de ces mille et poétiques drames que notre histoire méridionale lui fournira à chaque page, et sans nul doute, les regards de la foule, comme ceux des connaisseurs et des artistes, s'arrêteront sur ses productions, remarquées, malgré cette absence de choix d'un sujet digne, à l'exposition de Paris. Pour ne rien taire de tout ce que nous pensons à un artiste qui est digne qu'on lui dise la vérité tout entière, il nous semble aussi qu'il a traité un peu trop sans façon l'exposition, en mettant un poisson peint sur carton, et une étude de croisé au milieu des meilleures œuvres que ses confrères ont eu le soin de choisir dans leur atelier. Cependant, nous serions fâché qu'il n'eût pas mis en évidence ce groupe d'hommes, ce vieillard inquiet s'appuyant sur les épaules d'un jeune homme couché, et qui paraît succomber de fatigue, ou avoir été blessé. Pas de nature vivante plus palpitante, de carnation à la fois plus ferme et plus transparente. Dans cette prostration de force, dans cette atonie d'organes, il y a une souplesse du savoir le plus profond et le plus vrai. Sous cette chair défaillante circule un sang calme, mais fermentant, dans les veines gonflées par l'effort impuissant de la douleur. Une autre étude plus belle encore que celle-ci, c'est peut-être ce vieillard, d'une touche si vigoureusement accentuée, étude si grassement peinte, si vraie d'expression, et qui est le digne pendant d'une magnifique tête de montagnard exposée il y a quelque temps.

On trouve du même artiste de fort jolis portraits, dans lesquels, à part son mérite comme peintre, M. Villemsens a su mettre, comme toujours, l'expression la plus favorable à la physionomie de l'original. Il justifie de plus en plus la vogue qu'il a pour le portrait. Toutes les jolies femmes, et même celles qui ne le sont point, veulent être copiées par lui : les premières savent que l'artiste n'oubliera rien pour mettre en évidence la régularité, la finesse des traits et jusqu'à la pensée mystérieuse qui anime le regard ; les secondes sont sûres que, sans rien ôter à la ressemblance, il dissimulera les défauts et fera valoir les qualités que leur aura données la nature. Nous attendons ce peintre avec un sujet digne de son talent.

M. Saurine n'a exposé qu'un seul tableau ; mais il a une certaine importance, et comme conception et comme exécution. Le sujet traité est *Clémence Isaure*, la restauratrice des jeux de la gaie science, distribuant aux troubadours occitaniens ses fleurs et ses couronnes On ne peut qu'applaudir au choix d'un sujet éminemment inspirateur et d'un intérêt tout local ; quelques uns croient l'existence de la patronne des Jeux-Floraux au moins problématique ; d'autres ne voient en elle que la personnification d'une abstraction poétique, de la muse de la Gaule méridionale ; d'autres enfin, les mainteneurs en tête, constatent ses faits et gestes avec un enthousiasme tout patriotique. Quoi qu'il en soit, le peintre avait le champ libre, le merveilleux souriait à son pinceau, il pouvait donner cours à son imagination, nous montrer la belle Clémence sous l'ormel des sept troubadours, au milieu des pompes de mai, sous le soleil splendide de la saison de Flore : mais M. Saurine a mieux aimé nous faire assister à la poétique solennité d'une distribution de prix présidée par Isaure dans une belle salle entourée d'arcades en ogives, et d'une riche architecture.

L'ensemble de la composition a quelque chose d'imposant, de digne, de vraiment solennel ; les groupes bien détachés, concourent néanmoins à l'unité du sujet. Isaure domine bien la brillante réunion, composée de tout ce que la cité palladienne renferme de dames de haut parage, de seigneurs en renom et de grands dignitaires. Des troubadours accourus de tous les points de la belle Occitanie se disputent les récompenses d'Isaure. Quelques poètes, l'églantine d'or en main, et le front ceint de laurier, ont pris place dans l'enceinte ; un lauréat descend les marches du trône sur lequel se trouve la reine de la fête, et un autre troubadour récite ou chante une ode dont le rythme est soutenu par les sons de la lyre qu'il tient dans ses mains. C'est un anachronisme littéraire commis par le livret, comme on l'a déjà remarqué : les *Tensous*, les *Sirventes*, les *Cansons*, les *Ballades* étaient à peu près les seules dénominations génériques de la poëtique du 15e siècle, que plus tard vers le 16e siècle, Malherbe, Racan, Segrais et notre Goudouli ont remplacé par l'ode, l'élegie, l'idylle, le chant royal, etc.

Cette figure est bien posée ; son maintien assez inspiré, son regard assez allumé, et l'attention générale commandée par la chaleur avec laquelle il semble dire ou chanter ses strophes ; mais si de l'ensemble de la composition comme pensée, nous passons aux détails comme exécution, il nous semble que cette toile n'est pas sans quelques défauts. La lumière y est distribuée d'une manière si uniforme que l'on ne sait trop d'où elle vient, et dans quel but l'artiste l'a répandue sur la scène d'une façon si générale.

Dans une cérémonie passée au milieu d'une enceinte entourée d'arcades, il nous semble que le peintre avait une belle occasion pour tirer parti du caprice de tous les jeux de la lumière. Le clair-obscur se présente de lui-même au pinceau, et sollicite le contraste, l'opposition, élément vital de l'art ; les groupes, ainsi diversement éclairés, auraient enrichi la composition de reflets et de dégradations de jour d'un effet toujours sûr, et propre à faire valoir une palette riche et variée.

Pour tout dire à un artiste d'une réputation méritée, mais avec les formules imposées par la bienséance, et la circonspection dues au talent consciencieux, nous croyons qu'il a plus sacrifié au désir de séduire le regard de la foule qu'à satisfaire le goût difficile des connaisseurs et des artistes. Ces admirables étoffes, si chatoyantes, si merveilleusement satinées, semblent avoir préoccupé l'artiste presqu'autant que le désir de faire de la haute peinture, je veux parler de l'expression des figures, du dessin et du coloris. Les têtes, sans être immobiles, sont généralement un peu froides et ne rayonnent pas assez de cette curiosité, de cette satisfaction, de cette joie excentrique que réveillent si spontanément les succès, les triomphes des jeunes troubadours. Les traits d'Isaure, de cette belle reine de la poésie provençale, ne nous semblent pas assez idéalisés ; car il nous faut supposer un peu, ne serait-ce que dans l'intérêt de l'artiste, que cette figure, qui distribue la violette et l'églantine d'or, n'est que la personnification d'une abstraction poétique. Nous convenons que tout cela est fort difficile; mais vous vous rappelez aussitôt, avec moi, l'heureux artifice de Girodet pour éviter un semblable écueil ; vous regardez avec admiration son Endymion qu'il fait visiter mystérieusement par la reine de la nuit, cette chaste amante que le peintre ne montre pas, pour laisser davantage à l'illusion, et dont il ne nous fait voir qu'un doux rayon glissant à travers les branches qu'écarte malicieusement le dieu de Cythère, rayon qui va se jouer, comme un tendre sourire, sur les lèvres vermeilles du jeune berger endormi. Ici il n'y a aucune parité entre les sujets; j'ai voulu seulement faire remarquer l'indépendance qui appartient à un homme de goût et de talent, et dont, à ce double titre, M. Saurine pouvait user.

Pour aussi grande que soit la salle où se passe la cérémonie, il nous semble encore que les différens plans sur lesquels se trouvent les personnages choquent les règles des proportions et de la perspective linéaire. De la taille du groupe qui se trouve sur le premier plan, à gauche du spectateur, à celle des assistans placés sur le dernier, nous trouvons la réduction des lignes trop hasardée. Enfin cette œuvre de méditation, plutôt que de jet, est peut-être trop coquette d'effet, trop minutieusement enluminée, et d'un coloris plutôt recherché que sérieusement étudié. Au reste, avec un très-grand talent, on peut échouer dans un pareil sujet qui demande beaucoup d'imagination et de verve, à part l'habileté technique de l'art : on peut être excellent peintre et fort mauvais poète : la couleur et le dessin doivent plus au coup d'œil qu'à l'imagination.

Nous connaissions la belle lithographie du tableau de M. Jacquand, par M. Jazet, avant d'avoir vu l'original : elle est chez M. Avanzo depuis quelques mois. Cette belle page n'est point au-dessous de l'idée que nous en avait donnée le dessin. Cette composition, sage, sévèrement posée, d'une ordonnance correcte, est d'une grande harmonie d'effet, d'une unité remarquable dans la pensée mise en exécution. Louis XI, à Amboise, surprend sa femme enseignant, malgré ses ordres, à lire à son fils, et vous savez comment ce monarque savait faire respecter ses volontés. Le roi met les pieds sur le seuil de la porte et soulève la lourde draperie de la salle où se trouvent la reine et le jeune dauphin, pour qui la sollicitude maternelle lui fait violer les ordres du souverain. Une instantanéité d'action se peint à la fois, en expression différente, mais d'un cachet de grande vérité, sur ces trois figures diversement agitées. Le monarque fourbe et cruel porte dans son regard menaçant toute l'indignation de son ame irritable et absolue, tandis qu'au bruit de ses premiers pas se retourne, avec une effrayante vivacité, la mère tremblante dont on entend presque battre le cœur, tant ses traits révèlent la crainte et le pressentiment des conséquences que sa désobéissance va provoquer; on est attendri aussi, vivement attendri, de l'expression douce, naïve de cet adolescent que trouble le chagrin de cette surprise. Pour être pris dans la vie familière, ce sujet fait honneur au tact de M. Jacquand: non-seulement il dénote un artiste qui s'occupe d'histoire, ce que par-dessus tout doit faire continuellement le peintre, mais il accuse en lui une certaine profondeur d'observation; car dans cette scène de mœurs royales il a mis en action la politique, oui, la politique de ce sombre despote, de ce faucheur de têtes aristocrates, de ce destructeur de féodalité. Sous cette physionomie, indignée par cet acte en flagrant délit contre ses ordres, il y a tout le gouvernement de son règne, toute la brutalité de ses principes astucieux et fanatiquement dévots; derrière lui, derrière cette porte entr'ouverte par la méfiance et la fureur, on voit la Bastille avec les victimes qu'il y entasse, les tourmenteurs tenant sous la question tout ce qui porte ombrage à son despotisme, les bourreaux faisant tomber sous la hâche tout ce qui ose se révolter contre l'oppression; et puis encore l'image de madame la Vierge qui l'accompagne toujours, et à laquelle il demande, pour cette fois seulement, la permission de commettre un nouveau crime, ou de l'absoudre de ceux qu'il a déjà consommés. Une teinte sombre, et d'une harmonieuse mélancolie, règne sur cette scène qu'éclaire un jour glissant sur le groupe surpris par Louis XI. Le profil de la reine se confond un peu trop avec le fonds, et on trouve peut-être aussi quelque sécheresse dans les contours: à ces petites taches près, cette composition fait le plus grand honneur à M. Jacquand.

Une autre toile inondée de lumière, et qui eût vivement contrasté avec celle que nous venons de décrire, si on les avait rapprochées l'une de l'autre, c'est celle de M. Clément Boulanger, nom qui ne dépare pas celui de M. Louis Boulanger, fort avantageusement connu aussi dans les expositions de la capitale. Le soleil tombe à flots sur le clocher et l'église de Rouen, d'où sort et se déroule, avec la pompe du moyen-âge, la procession de la *Gargouille*. C'est bien la cohue, le désordre qui accompagnent les premiers momens d'une telle solennité.

L'architecture et la pensée historique tiennent, dans cette œuvre, autant de place que l'art du peintre. Ce grand clocher, au-dessus d'une église qu'entourent des maisons terminées en arêtes aiguës, et puis cette foule, suivant de saintes reliques, sont, pour nous, la traduction de l'idée principale qui préoccupait l'artiste avant tout. L'art architectural et l'idée religieuse étaient les deux élémens qui dominaient tous les esprits du moyen-âge. Ces deux idées ont maîtrisé le pinceau de M. Boulanger, comme les descriptions des monumens, et du Paris du 15e siècle ont subjugué la plume de V. Hugo. Le cadre ici occupe autant de place que le sujet, d'ailleurs plein d'intérêt. St.-Romain, évêque de Rouen, ayant délivré les environs de cette ville d'un monstre qui exerçait les plus grands ravages, le clergé, en mémoire de ce bienfait, jouissait du privilége de rendre à la liberté un condamné à mort le jour de la fête de St.-Romain. Cette esquisse, qui donne une haute idée du tableau fini qui se trouve au Luxembourg, se recommande par une touche vigoureuse et hardie, par l'entrain de la pensée et l'animation de la scène.

M. Prévost est arrivé au salon avec onze toiles. Cette mise offre des sujets très-variés, et la plupart d'une valeur qui honorent le talent du directeur de notre musée. Comme composition, l'exposition de cette année n'offre rien de bien élevé.

Quelques tableaux religieux cependant semblent annoncer la fatigue que tout le monde éprouve en présence du dévergondage dans lequel s'est vautré l'art depuis dix ans; et le retour aux bonnes doctrines comme au bon goût semble prendre un nouvel élan.

M. Prévost, et nous ne saurions trop le louer de ce bon exemple, a peint, pour sa part un tableau religieux. C'est *Jésus* entouré de Marthe et de Marie, et disant à la première : « Marthe, Marthe tu t'inquiètes et tu t'agites pour beaucoup de choses; mais une seule chose est nécessaire : Marie a choisi la meilleure part, qui ne lui sera pas enlevée. » Cette composition est simple, le groupe bien disposé; Marie, assise aux pieds de Jésus, écoute avec beaucoup d'attention et de recueillement, pendant que Marthe, vaquant aux soins du ménage, se plaint de ce que sa sœur ne vient point à son aide. Un peu de froideur, peut-être inhérente à la gravité du sujet, se fait sentir dans cette scène. Nous désirerions aussi un peu plus d'accentuation dans le dessin, et un peu plus de fermeté et de modelé dans les tons. Son tableau représentant un *Père de famille* qui reçoit en même temps la nouvelle de la mort de son fils et la croix d'honneur que lui a méritée sa barvoure, ce tableau, au dessous du genre historique proprement dit, mais au dessus du genre familier, offre une scène intéressante, naïvement ordonnée, d'une disposition simple et attachante. Le vieillard, qui en est la figure principale, tient la croix d'honneur qu'il vient de trouver dans une lettre dépliée à ses pieds. Cette tête résignée, dont le regard est tourné vers le ciel, porte dans tous ses traits l'expression de la douleur à travers laquelle perce pourtant la consolation apportée dans son cœur par la gloire acquise par son fils sur le champ de bataille. Toute la famille fond en larmes autour lui; les femmes pleurent bien, mais sans désespoir. L'adolescent qui détourne la tête a une pose pleine d'abandon et de douce tristesse; dans tout cet intérieur on voit que les sentimens de l'honneur livrent un rude combat à ceux de la nature. Il y a de l'entente dans la pensée créatrice, et c'est dommage que ce sujet ressassé par le vaudeville-Scribe nous reporte dans l'exploitation dont le théâtre a tant abusé ; car tout a été dit en fait d'émotions, de grandeur d'ame, de valeur de la part de nos soldats de l'empire et de leurs successeurs en Espagne, et maintenant de ceux de Constantine et de Mazagram. Nous demandons, avec doute, si les jambes de l'adolescent qui se trouve près du père ne sont point un peu courtes relativement, et proportions gardées, à celle du père qui seraient, par contre-coup, un peu longues : en d'autres termes, et en forme de dilemme, nous disons qu'il semble que les jambes de l'enfant sont courtes, ou que celles du vieillard sont longues. Sans être mal éclairé cet intérieur eût peut-être gagné par des contrastes de jour mieux ménagés : en somme c'est un fort joli petit tableau qui captive l'attention et réveille de douces émotions dans le cœur ; c'est une élégie dont la teinte rappelle celle des idylles de Gessner

Les nos 181, 182 et 185, du même peintre, présentent de bonnes qualités. Le premier pourtant : « Donnez à manger à » ceux qui ont faim, à boire à ceux qui ont soif, » le premier, parodie, selon nous, un commandement de l'évangile trop élevé, et au fond duquel se trouve la *Charité*, la plus sainte et la plus touchante des vertus chrétiennes. Au lieu de cette rouge-trogne qui rit avec tant d'insouciance, qui stimule son appétit d'ivrogne avec quelques jets d'oignon, et cet enfant qui s'égaie probablement de ses propos bachiques, nous eussions mieux aimé que M. Prévost eût pris au sérieux le passage de la loi du Christ, et nous eût fait assister à une œuvre digne du paragraphe cité. Les préceptes de la religion ne doivent, ni ne peuvent, servir à aiguiser un jeu de mots ou un calembourg. Le théâtre abuse assez de cette licence, sans que la peinture lui vienne en aide.

Dans le n° 182, ayant pour titre : *Les distractions de la lune de miel*, on voit une jeune femme assise sur les genoux de son mari, et lui enlevant les cheveux gris. Le mari, qui rit avec franchise et de la meilleure grâce, vaut mieux que la jeune épouse, qui ne met peut-être pas assez de malice dans cette espièglerie. *La mendiante aveugle et son guide* est un groupe d'étude pour faire contraster la caducité avec l'enfance. Nous aimons mieux le caractère de la tête de la vieille que l'expression de celle de la jeune enfant qui manque de naïveté.

Puis on trouve encore du même artiste *la Becquée* et *la Méprise d'un papillon*. En accordant à M. Prévost le mérite d'une imagination qui tire parti d'une mince idée, nous devons lui dire aussi que nous n'aimons point l'allégorie pastorale ; la *Becquée* présente un groupe gracieux, comme *la Méprise d'un papillon*, un calembourg ingénieux, mais usé ; tout cela nous reporte trop vers le genre mythologique, allégorique, de l'école maniérée et pleine de fadeur du dernier siècle, de l'école des Vanloo, des Vateau et des Boucher. Nous sommes même fâché que M. Prévost, avec une réputation bien acquise, se soit laissé séduire par un genre puéril, tout-à-fait délaissé, et dans lequel il a été entraîné à rendre son pinceau flasque, mou, léché, poli, et son crayon, son dessin sans lignes sévèrement arrêtées, sans fermeté, n'accentuant rien, fesant ainsi de la peinture de boudoir, et rien de plus. Heureusement, pour nous dédommager, et servir amplement de correctif à notre critique, que M. Prévost peut rendre inutile lorsqu'il le voudra, heureusement nous trouvons dans la salle de Clémence-Isaure de fort bons portraits de lui, surtout le sien qui nous prouve que son dessin est ferme lorsqu'il le veut, sa touche variée et sa couleur sans monotonie. C'est un des meilleurs de l'exposition.

MM. PAILLÈRES. — RÉGIS. — VIGNES. — TREMBLAI.

Mme Hortense Virefay Wialt, peintre à Pau.

ROQUEPLAN. — ROQUES PÈRE ET FILS. — GOYET. — SOULIÉ. — RICHARD, DE MILHAU. — RICHARD, DE LYON.

Le tableau de M. Paillères, ***l'impératrice Marie-Thérèse, présentant son fils aux Hongrois***, nous semble plutôt une esquisse assez vigoureusement peinte, manquant de fini dans l'exécution, qu'un tableau entièrement terminé. La figure principale, la reine, n'a point, selon nous, une expression juste, bien caractérisée; on lit plutôt de la frayeur, du désordre, peut-être de la colère sur ces traits, que de la dignité, de l'orgueil ou de la joie. Quoique toutes les figures ne nous paraissent pas heureusement posées, on remarque néanmoins dans leur ensemble du mouvement, de la surprise, de la joie. Il serait à désirer que l'exécution, faible dans quelques parties; répondît à l'harmonie de la composition, et à l'entrain de la pensée créatrice.

Nº 192. — A ce nº se trouve une ***Sainte Geneviève*** de M. Régis, ancien élève de l'école des arts, maintenant peintre à Paris. Cette composition n'est pas sans mérite; mais il y a une certaine fadeur pastorale dans l'ensemble, et d'ailleurs nous aimons peu les paysages historiques. Les lignes sont peu hardies, le modelé parfois timide, et le lointain, peu naturel, est noyé dans un bleu mat

M. Vignes, peintre à Toulouse, a huit toiles à l'exposition. Pour ne parler que de sa ***Sainte Cécile***, qui est son ouvrage capital, nous trouvons la couleur générale d'une uniformité qui n'a point le naturel, ou même l'idéal si vous voulez, qui provient du rayonnement d'une auréole céleste. Ces tons jaunes et rougeâtres illuminent, d'une façon forcée et sans transparence, les têtes d'anges qui planent au-dessus de la sainte, elle-même inondée de cette couleur exagérée et qui fesait dire à un plaisant qui passait près de moi : « Il paraît que la patronne des musiciens connaissait la quatrième clé de la musique » ; vous savez que c'est celle du caveau. Nous reconnaissons néanmoins quelques bonnes qualités dans cette toile ; il est fâcheux que la teinte du coloris les fassent oublier. M. Vignes se revanchera plus tard.

N° 251. — Mme Virefay-Wialt nous a envoyé de Pau une petite composition historique ; — c'est *François Ier, redemandant, par un tiers, à Françoise de Foix, comtesse de Châteaubriand, les bijoux qu'il lui avait donnés.*

Nous aimons trop à encourager les arts, et surtout nous voyons avec trop de plaisir le beau sexe les cultiver, pour être sévère à l'égard de Mme Virefay. En applaudissant au choix de son sujet, nous l'engageons à faire des études sérieuses de dessin, à bien asseoir sa couleur, et à ne pas mettre trop de coquetterie dans sa manière. A quelque distance, cette toile est brillante et animée.

N° 226. — M. Tremblai avait choisi un beau sujet. Ce sont les derniers momens d'*André Chénier* sur l'échafaud, au moment où il dit, en se frappant le front : « Mourir ! j'avais quelque chose là. »

Ce peintre, que nous ne voudrions point décourager, s'est montré au-dessous de son sujet. Ce n'est point avec cette attitude emportée et cette physionomie sombre, et presque de conspirateur, que l'aimable chantre de tant de gracieuses compositions dut monter sur l'échafaud. Nous aimons mieux croire qu'il courba sa noble tête sous la hache révolutionnaire, avec la résignation d'une belle ame, et les regrets du génie auquel souriaient la gloire et l'avenir.

Un autre joli sujet a été traité par le même. C'est une *Aumône* faite par une demoiselle à des enfans endormis sous sa fenêtre. Nous aurions désiré que l'exécution eût répondu au bonheur de ces deux sujets.

No 200. — Ce tout petit tableau a été envoyé de Paris par M. Roqueplan.

C'est un beau nom en peinture, mais l'absence du prénom nous fait hésiter sur celui-ci : nous savons que M. Camille Roqueplan est un des plus habiles artistes de l'école moderne. Quoi qu'il en soit, Messieurs les artistes de la capitale croient pouvoir nous traiter sans façon. M. Roqueplan, comme M. Goyet, autre artiste de renom et d'un talent réel, ne nous ont envoyé chacun qu'un petit cadre. Celui du premier a pour titre : *la Lecture au parc*, imitation d'école d'un bon effet, mais qui annonce plutôt une production de fantaisie, de délassement, qu'un ouvrage visant à faire ou consolider une réputation. Celui de M. Goyet, no 86, est plus fini, plus étudié, et d'un mérite supérieur, non comme genre, on peut classer *les Epoux d'un jour* avec *la Lecture au parc*, mais comme exécution. Rien de joli, de gracieux comme ce groupe posé sur le divan d'un salon, simplement orné, et éclairé par une teinte mystérieuse. On est fâché que les mains de la jeune femme soient si grandes, les doigts si longs. A cela près, tout est charmant : l'animation, les transports du jeune mari, ainsi que la grace pudique de l'épouse qui se défend en baissant les yeux. Les détails et le linge sont traités avec goût et une grande facilité.

M. Roques père, le doyen de l'art en France, qui a, dit-on, été l'émule de David à Rome, et qui jouit d'une réputation distinguée et méritée dans notre Midi, M. Roques père a voulu aussi fournir son contingent au salon de 1840. Tout le monde connaît la fécondité, la verdeur de son esprit; l'imagination, la fraîchenr des idées, la facilité de pinceau, sont les qualités dominantes de son talent souple et varié. On parlait de demander la croix d'honneur pour cet habile professeur : nous verrions avec plaisir que sa poitrine octogénaire en fût décorée; mille personnes la portent qui l'ont moins bien méritée que lui; mais nous serions fâché qu'il la dût à la sollicitation. Au reste, tout le monde a applaudi à l'intention du juri, qui aurait dû peut-être mettre un peu plus de secret dans l'objet de sa délibération. Il eût été plus flatteur pour M. Roques de recevoir cette marque d'honneur sans être prévenu qu'on l'avait demandée pour lui.

Ce peintre a rajeuni sa palette en peignant l'*Innocence*, une jeune fille caressant un agneau, et une jolie tête de *Boudeuse*. Il a fait aussi son portrait, qui est très-bien peint.

M. Roques fils a exposé une petite toile représentant *Sainte Germaine*, bergère du village de Pibrac.

M. Soulié est connu pour sa facilité, sa verve d'observateur, son comique d'à-propos, pour ce côté piquant que son esprit prompt saisit dans des scènes familières, dans des impromptus caractéristiques. C'est la rue, le carrefour, le coin du feu, le sentiment populaire, les mœurs de la foule, les caprices des moutards, le déshabillé du ménage, ou un petit drame passé sous le chaume, ou une petite scène intéressante surprise au hameau, ou dans un intérieur, ou quelquefois enfin une vue pittoresque, qui inspirent son pinceau indépendant, spirituel, original quelquefois. Ce peintre de mérite a un talent type parmi les artistes de Toulouse, dont l'ensemble présente une assez grande variété de genres, depuis la haute histoire jusqu'au paysage, jusqu'à la pochade hardie.

M. Soulié a fourni cette année quatre toiles : Un *Intérieur de maison rustique* (n° 221), peint avec tout le laisser-aller de sa manière franche et hardie. L'effet est tout pour ce genre naïf, sans recherche, et M. Soulié réussit presque toujours à le trouver, en empâtant parfois sa toile avec le bonheur de l'inspiration, ce qui produit d'excellens contrastes. Le nº 219 représente la *Vue d'une Plage* lointaine sur les côtes d'Espagne. Il y a une grande simplicité dans l'agencement général, la vue se repose bien, et va sans peine des premiers plans jusques à l'horizon, un peu enflammé, qui colore ce paysage. Il nous semble seulement que le premier plan est peut-être un peu trop brillanté par le soleil couchant, relativement au second sur lequel se trouve un village enveloppé dans un crépuscule d'nn effet agréable, mais un peu tranché avec les derniers rayons du soir. Nous aimons beaucoup l'opposition, mais il est difficile de la rendre naturelle.

Son *Intérieur d'écurie* au Cirque Toulousain (nº 220), est marqué par les qualités dominantes de son talent.

Je ne sais ce qu'entend M. Soulié par *grand paysage composé* : on est obligé de les composer tous, ce me semble, excepté ceux que nous retrace le daguerréotype, qui se passe de l'intelligence de l'artiste, et de l'arrangement qu'il doit fournir. Quoi qu'il en soit, ce cadre, assez grand, offre un bel effet général, de bons lointains, du pays, de l'air, de l'espace, et, sur tout cela, l'œil se repose avec plaisir.

M. Richard (Théodore) soutient la réputation qu'il s'est acquise à Toulouse. Dans *Sa vue* prise aux Eaux-Bonnes, les plans sont bien disposés, les sites bien pittoresques; et sous le réseau d'un soleil couchant, qui perce quelques nuages, le brouillard se soulève bien du fond des gorges pyrénéennes. Le nº 194 est un grand *Paysage* d'un effet de lumière bien gradué, depuis les derniers reflets du soleil, qui colore l'horizon, jusqu'à la teinte sombre qui règne sous les vastes ombrages de la forêt de hêtres qui se trouve au premier plan. Un loup, dévorant une brebis, anime seul cette imposante solitude. Il y a beaucoup d'espace dans ce paysage où l'air circule bien depuis le premier jusqu'au dernier plan, où les arbres sont bien feuillés et le ciel assez mouvant.

Nous n'aimons pas autant sa *Vue d'un Château*, prise dans l'Aveyron (nº 197.) La composition est agréable; mais, quoiqu'elle offre la procession de la Fête-Dieu, nous trouvons l'atmosphère incendiée par un soleil de juin trop épais, mensonger même : toute cette campagne semble être éclairée par la bouche d'un four. Dans le nº 196, qui est fort joli, et fort bon également, nous désirerions un peu plus de vapeur et de fuyant au loin.

M. Richard, de Lyon, homonyme du précédent, n'a apporté qu'une petite composition, tirée d'une nouvelle de M. de Sauvigny, ayant pour titre : *Histoire amoureuse de Pierre-le-Long et de la très honorée dame Bazu* : C'est une petite toile, enjolivée de toute la recherche du moyen-âge ; un rideau vert dissimule avec assez de vérité le jour qui, par cette adresse du peintre, éclaire mystérieusement le groupe des deux amans. Une teinte harmonieuse se fait remarquer dans l'ensemble de cet intérieur. La dame Bazu seulement nous paraît mal assise et gauchement inclinée.

Nous avons trouvé aux nºs 67 et 68 deux jolis paysages de M. Gaillard, ayant pour titre : *Souvenir des environs de Toulouse*. Tout en est charmant et habilement ordonné ; et la critique n'aurait peut-être rien à reprendre si, au nº 67, il y avait un peu plus de vapeur dans le lointain, et si les terrains du nº 68 étaient un peu moins mesquinement léchés.

M. Baron (Dominique) (nº 14) a peint avec vérité un *site d'Auvergne*. Les terrains en sont bien étudiés ; le ciel seulement est un peu lourd.

M. Alaux, de Bordeaux, a fourni les cinq premiers nºs du livret. Cet artiste a fait preuve de talent dans une *Etude d'Aragonnais*, à laquelle il lui était permis de donner une pose qui eût été trop académique partout ailleurs ; la tête est fort expressive. Nous en disons autant de celle d'un ***Moine***, dont la couleur est pourtant un peu uniforme et trop sanguine. Sa ***Vue des Pyrénées*** est habilement empâtée ; ces sites bien sauvages sont seulement animés par un ours qui semble sortir de ces horribles gorges ; nous n'avons que du bien à dire également des animaux dont M. Alaux a traité savamment les détails. Le n° 5, vigoureusement touché, est un autre ***Paysage***, éclairé par un ciel sombre, que rien n'anime, il est entièrement désert.

Mlle Alaux aussi a peint un charmant petit tableau, dans lequel elle fait piauler des pintades, et s'abriter sous un énorme tronc d'arbre, entouré de lierre, quelques poules d'un plumage varié et mouvant. Le lointain de ce petit fragment de paysage donne une harmonie ravissante à cette petite toile.

GENRE. — PAYSAGES. — MARINES.

MM. FLANDIN. — FRANQUELIN. — LECOEUR. — POITEVIN. — PICHON. — LANEUFVILLE. — PERRIN. — GAUGIRAN NANTEUIL. — FINART. — FORTIN. — HÉROULT. — GALARD. — Mme ANNA RIMBAUT, DE PARIS.

Nous n'aimons point la ***vue de Venise*** par M. Flandin.

Voici encore une toute petite toile envoyée de Paris par M. Franquelin : c'est la fidélité représentée par une jolie femme qui caresse son chien. Un critique mal appris dirait qu'il n'y a guère que la moitié de vrai dans cet emblême; et il serait peut être assez peu galant pour désigner du doigt le quadrupède dont l'attachement est devenu proverbial; pour nous, nous laissons le champ libre à la discussion sur cette question morale, et nous nous contentons de dire que cette production est fraîche, gracieuse, bien dessinée et peinte sans prétention.

Un autre petit tableau de genre, d'un assez bon effet, et d'une exécution assez ferme, c'est celui de M. Lecœur, représentant un enfant en pénitence dans une salle-basse.

Nous désirons que M. Poitevin soit jeune afin qu'il puisse faire encore des études sévères : à ces conditions il pourrait, dans quelque temps, nous envoyer d'autres œuvres meilleures que celles qu'il a placées dans notre Salon, et que nous n'analysons point pour ne pas le décourager.

M. Pichon a exposé *une Laitière et le pot au lait.* Pourquoi traduire la jolie fable de La Fontaine, qui est intraduisible? Nous ne pensons point que cet artiste ait voulu faire de l'allégorie, de l'esprit de calembourg, glané dans les souvenirs du 18e siècle, et dans l'école que Vien s'attacha à réformer. On voit deux portraits du même peintre que recommandent quelques bonnes qualités.

M. Laneufville a peint avec vérité une *vue d'une forêt des Basses-Pyrénées.* Au milieu de cet effet sauvage on voudrait voir des rochers moins arrondis, des anfractuosités mieux creusées, plus carrément taillées, et des arbres plus grassement heurtés. Dans un second paysage, on voit quelques fabriques assez bonnes, mais les montagnes des arrière-plans sont mal faites et se montrent sous un ciel cotonneux, ou trop plaqué.

Un *Chevrier* est l'œuvre saillante de M. Perrin. On y remarque quelques bons détails; mais trop de raideur entache cette composition La pose du chevrier est trop étudiée, trop sévèrement expressive. Les chèvres même pensent, et le ciel et l'horizon sont aussi un peu mats.

Nous voudrions nous dispenser de parler du cadre assez grand de M. Gaugiran-Nanteuil, où presque tout nous paraît médiocre, à moins que le ciel et la nature, en Arabie, ne ressemblent en rien, absolument, à notre ciel et à notre nature, qui nous servent de comparaison, néanmoins, même pour ce qui existe dans les pays les plus brûlans. Le ciel surtout y est d'un bleu opaque et uni comme celui des paravens. Si tout cela est vrai, il faut couvenir que ce *vrai* n'est pas vraisemblable.

Je crains que, malgré notre intention, nous ne soyons obligé de mêler un peu les genres. Les productions importantes sont rares, et les genres d'effusion facile, d'exécution servile, dominant à l'Exposition, nous nous surprendrons peut-être à parler d'une marine après un portrait, et d'un paysage après un tableau de genre.

C'est à regret aussi que nous serons forcés de ne citer que quelques noms propres. L'analyse de tous les ouvrages nous entraînerait à donner des volumes; par la même raison aussi nous pourrons avoir oublié quelques toiles de mérite, et bien malgré notre intention. La revue du Salon est d'ailleurs extrêmement longue, et difficile à faire pour les critiques, par le désordre qui règne dans la disposition des numéros; à côté du nº 220 se trouvera, par exemple, le nº 15 et, à côté de celui-ci, le nº 237, de telle sorte qu'il faut parcourir toutes les salles, inspecter tous les cadres pour chercher ceux du même auteur qu'on veut analyser. Il eût été bien plus naturel, après avoir rangé les tableaux tels qu'il sont maintenant, de placer les numéros dans un ordre tout arithmétique 1, 2, 3, 4, 5, etc.; l'examen alors eût été facile et prompt pour nous.

M. Finart exploite le désert et les Arabes : plusieurs de ses petites toiles offrent une idée juste et neuve des contrées que l'actualité de notre expédition en Afrique rend intéressantes.

Il retrace souvent avec bonheur des scènes où les mœurs militaires et aventureuses de ces populations nomades son rendues avec intelligence. La couleur et le dessin ont souvent du mérite. Il a fait du soleil, du brouillard, des cavaliers, des femmes arabes, etc., presque toute la nature animale, végétale, atmosphérique des tropiques, ou des pays septentrionnaux qui les avoisinent de l'autre côté de la Méditerrannée.

Au n° 64 se trouve une ***Saboterie***, offrant un ménage désordonné, plein de bons détails, et au n° 65, ***un bon Intérieur***, à la manière flamande, peint par M. Fortin, de Paris, dont le pinceau est facile, et naïvement spirituel.

Le n° 97 est un grand cadre, de M. Héroult, de Bordeaux, représentant la ***Vue du canal de Louvain***. L'effet en est brillant, mais il ne peut braver l'analyse sévère. On trouve aussi plusieurs autres compositions du même auteur.

Nous voyons avec plaisir les artistes bordelais rivaliser avec ceux de Toulouse ; mais, en reconnaissant du mérite dans quelques uns de ces derniers, nous pouvons convenir, sans partialité aucune, que la peinture est plus sérieuse et plus habilement faite, en général dans notre ville qu'à Bordeaux. Le paysage, la fantaisie, la peinture secondaire, en un mot, dominent chez nos voisins.

M. Galard, qui nous a envoyé douze toiles, est un artiste d'un talent facile et varié; ses ***Paysages*** sont jolis, de natures diverses, bien étudiés et d'un faire de bon aloi. Son ***Effet de Nuit*** est d'un vague assez heureux ; la main de la femme qui se trouve devant la bougie, qu'elle veut préserver du vent, est transparente et d'une couleur assez vraie : l'***Intérieur de son Cabinet*** est tout reluisant, ciré à éblouir ; je le trouve trop coquet. Ses ***Souris*** et ses ***Huîtres*** son bien vivantes. Son ***Effet de brouillard*** est fort bon, et son paysage intitulé : l'***Éducation du chien***, est une charmante peinture.

Voici un petit sujet historique englobé, malgré nos précautions, avec les tableaux de genre, les scènes anecdotiques, les paysages, etc. : c'est le *Mariage* du général Marceau et de Blanche de Beaulieu, béni par un prêtre condamné, comme cette jeune Vendéenne, à périr sur l'échafaud. On eût pu faire mieux avec une donnée si dramatique et qui réveille tant de terribles émotions. C'est l'œuvre d'une dame, Mme Rimbaut, c'est dire que l'indulgence est commandée. Ce n'est pourtant pas sans quelques qualités : le prêtre est peut-être posé avec trop de solennité, ou trop de bravade. Le *courage de la Religion* est ferme et grand; le martyre n'est pas rodomont.

MM. LEJEUNE (LE BARON MARÉCHAL DE CAMP.) — LATOUR. — JULIAN FILS. — LAGARRIGUE. — BAGON. — BONNAFOUS. — ST.-MARTIN. — COLIN. — MMlles FEILLET. — DÉRÉS. — BEZUCHET.

Le directeur de notre école des beaux-arts, dont tout le monde apprécie la capacité, le talent et le zèle, ne pouvait se dispenser d'apporter son contingent au Salon. Cinq cadres ont été exposés par cet amateur distingué dont la réputation a commencé sur un théâtre plus important que le nôtre. Je ne connaissais rien de M. Lejeune : je savais seulement qu'il avait traité, avec succès, quelques épisodes historiques ou quelques batailles. Comme Gros, il a pris part aux combats que son pinceau aimait à reproduire.

Je fus donc très-surpris de voir de lui deux paysages riants et d'un effet tout fantastique, animés par des groupes historiés et ayant tous deux pour titre : *La Lune de miel* Je ne sais si c'est par erreur que ces deux paysages ont le même titre, ou bien si, comme le demandait une dame à côté de moi, il y a réellement deux lunes de miel : elle avait cru jusqu'ici, avec beaucoup d'autres, que tout hymen avait une ***lune de miel*** et une ***lune de fiel.*** Nous félicitons donc le peintre d'avoir inventé une seconde lune de miel : toutes nos demoiselles l'en remercient en souriant d'aise devant ses petits tableaux, qui ne leur annoncent, à partir de 1840, que d'heureuses phases pour la lune du mariage. Quoi qu'il en soit, ces brillantes fantaisies palpitent d'un effet qui semble échappé d'un pinceau de vingt ans, pinceau juvénile, emporté par une imagination incandescente, et qui prouve que celui qui le tient fait très-facilement de la poésie en peinture. Tout y est de convention, d'une richesse orientale prodiguée, si l'on veut; lumière, ombrage, verdure, fraîcheur d'atmosphère, soleil, cascades, tout sort en profusion de cette palette redondante de tons et de sites à souhait : mais enfin il y a encore du mérite à faire une nature comme on la rêve pour les beaux contes des ***Mille et une Nuits***. Avec ces deux cadres se trouvent deux ***Vues de Tarascon***, et une esquisse, à l'aquarelle, de l'***Attaque d'un Convoi***. Ici encore se trouve le même cachet d'une imagination bondissante et que n'arrête aucun frein. Dans ce pêle mêle bien, mouvementé, on distingue des groupes variés qui, loin d'occasioner de la confusion, concourent à donner une grande activité à cette vigoureuse scène.

M. Latour a mis de ses ouvrages dans tous les coins; on en compte jusqu'à dix-sept, et, ce qui est flatteur pour cet artiste, on n'est jamais fâché de le rencontrer. Dans l'***Episode de la guerre d'Espagne***, nous avons remarqué quelques figures trop académiquement posées, mais généralement animées par une expression énergique et vraie. Dans quelques têtes d'homme se trouve le caractère type de la nation espagnole. Sur leurs traits, vivement accentués, on lit la fureur de la défaite et le regard enflammé de la vengeance, à la vue de leur village incendié par l'ennemi.

Ses *Paysages* sont généralement agréables à voir ; mais ils ne sont point sans défaut. Lui qui a un coup de crayon vigoureux et franc, il empâte mollement la couleur sur la toile. Son dessin est parfois arrondi et flasque. Dans son effet de soleil couchant sur les bords de la Bidassoa, le premier plan est ardemment éclairé ; mais l'eau est trop épaisse, et les rochers du dernier plan mal conçus, peu vrais ; les scènes du premier plan sont charmantes. Ses études d'arbres à la mine de plomb attestent un coup de crayon facile, hardi et plein de vigueur, comme je viens de le dire. Ses cassures, son feuillé, les accidens de ses troncs ne laissent peut-être rien à désirer. Le vent souffle bien sur la cime de quelques arbres dont il fracasse quelques branches ; d'autres sont artistement plantés, et toujours d'un faire remarquable, ainsi que ses fabriques. Nous aimons mieux son crayon que son pinceau. Dans son nº 126, sa couleur est trop cherchée et manque d'abandon, de spontanéité, de révélation. Nous savons que ce jeune artiste a de l'avenir, et c'est ce qui nous arme de sévérité envers son talent, qui ne peut que grandir par l'étude. Il force souvent la nature en voulant la rendre parfaite. Cette exubérance de bon vouloir, cette exagération d'intention se perdront avec la maturité de l'expérience.

Ses *sépia* portent le caractère de talent que l'on trouve dans ses études à la mine de plomb. Nous n'aimons ce genre que comme indication, comme pochades à l'eau proprement faites. Ce genre bâtard est plat, sans saillie, sans contours harmonieux : l'aquarelle est plus près de la peinture qu'elle parvient parfois à imiter. On en voit quelques unes de Mlle Alaux qui sont très-jolies.

M. Julia fils a fait douze bons paysages ou études hardies à la mine de plomb.

On voit de M. Lagarrigue, de Tarbes, un *Intérieur d'étable* d'un effet agréable.

Les *vues* de M. Bagon, prises dans les environs de Milhau, se distinguent par un coloris brillant et de bons effets de perspective Il laisse désirer un peu de fermeté dans sa touche et un peu de transparence dans les nuages dont il charge ses ciels.

M. Bonafous a exposé deux *Intérieurs d'écurie* assez bons. On voit avec plaisir un *Paysage*, avec figures et animaux, de M. Saint-Martin, de Paris.

Quelques dames sont venues grossir le nombre des exposans. Peu d'entr'elles ont fourni des œuvres remarquables. Mlle Feillet, de Bayonne, est une de celles qui ont abordé un sujet de quelque importance. Sa *Bohémienne à Saint-Isidro*, aux environs de Madrid, est un petit tableau de chevalet d'un aspect brumeux; un brouillard épais semble répandu sur cette foule qui se meut sur les différens plans de cette toile, je le répète, plongée dans une atmosphère vague, sans couleur déterminée, sans intention d'unité de tons Le groupe de la sorcière, placé sur le premier plan, est assez animé, assez attentif, et d'un dessin qui doit faire encourager la jeune artiste. Notre critique franche doit l'avertir que nous croyons à son avenir.

Dans un petit tableau anecdotique de M. Colin, où l'on trouve *un Chevalier blessé, pansé par une jeune femme et par son fils*, on remarque du dessin et de la couleur. Si le petit enfant qui apporte quelques boissons au malade était plus occupé des soins qu'il a à lui donner, que de tourner la tête pour la faire voir aux spectateurs, la composition eût gagné en unité et en intérêt.

Mlle Décrés a peint avec esprit la contenance timide, la naïve gaucherie de deux amoureux. La jeune fille, toute pensive, tricote en rougissant, pendant que le Céladon rustique lui rend, avec embarras, le peloton qu'il vient de ramasser : c'est très-gracieusement exécuté. On voit avec plaisir aussi une de ses *Etudes d'enfant*.

La *Prière*, par Mlle Bézuchet, est d'un effet très-agréable.

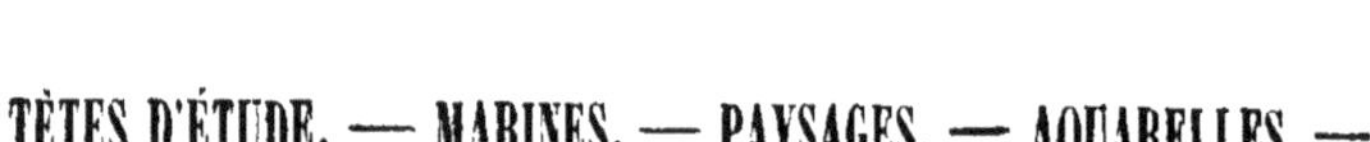

TÊTES D'ÉTUDE. — MARINES. — PAYSAGES. — AQUARELLES. — FLEURS. — ESTOMPES. — DESSINS A LA PLUME.

MM. CARRIÉ — TINDEL. — LUBOR. — BURGADE. — MOZIN. — DOUMENJOU. — DURAND. — NODE. — GUDIN. — MALBOIS. — SOURDON DE LA CORETTERIE. — GERLIÉ.

Les ***Têtes d'étude*** de M. Carrié annoncent le désir de faire de la peinture sérieuse. Elles sont généralement expressives, soigneusement étudiées. Nous l'engageons à ne pas exagérer sa couleur, qui ne perdrait rien, pour cela, en transparence et en fermeté.

De M. Tindel, mort depuis peu, on rencontre avec plaisir de bonnes ***Marines.*** Entr'autres charmantes productions, on aime à voir le n° 225, dans lequel se trouvent un excellent ciel et des voiles bien enflées : Bordeaux doit regretter cet artiste distingué.

M. Lubor a besoin d'apprendre à élargir et à feuiller ses arbres. A cela près, son ***Paysage au soleil couchant*** laisse peu de chose à désirer.

Entre les paysages et les marines de M. Burgade, nous avons remarqué ***un Effet de soleil couchant*** pris aux environs de la Rochelle, parfaitement éclairé, et un sauvetage de naufragés Américains, secourus par le navire ***Montezuma***, de Bordeaux. Le ciel effrayant, bien chargé, l'horizon enflammé d'une façon sinistre, et les ondes échevelées concourent à produire une belle harmonie de couleur. Les bâtimens sombrent bien au milieu de cette tempête.

Le n° 158 est une ***Marine*** recommandable, peinte par M. Mozin. La mer est bien agitée et d'une bonne couleur ; mais on ne voit pas assez d'où sort la fumée du paquebot ; il faut supposer que le tuyau est caché par un faible mât ; ce n'est pas assez indiqué Nous critiquons ce détail, parce qu'il s'offre le premier à la vue.

Le ***Vieillard aveugle***, ***et une jeune fille qui le conduit***, est un tableau de chevalet qui annonce des dispositions. L'œuvre de M. Doumenjou ne gagne pas à être auprès de la toile de M. Prévost, qui a traité le même sujet. Son dessin surtout a besoin d'être étudié avec soin. Ce même artiste a fait, à la plume, une ***Vue du collége de Sorèze***, étonnante de détails, de fini, de coquetterie, d'exécution.

M. Durand a fait plusieurs bons portraits à l'estompe.

Le ***Bouquet de fleurs*** peint par M. Node est plein de fraîcheur et composé avec goût, aussi bien qu'un autre sans numéro, ce qui nous oblige à omettre le nom de l'auteur.

Ce n'est pas sans peine que nous sommes parvenus à trouver les belles ***Marines*** de M. Gudin, placées si haut, ou si cachées, qu'il faut vraiment vouloir les admirer pour les découvrir. La haute renommée de ce nom, célèbre entre les peintres de marine, de nos jours, se soutient avec honneur à Toulouse. Dans ***un temps calme***, ses eaux dorment, murmurent ou se rident bien, en reflétant la lumière avec une merveilleuse transparence. Dans un ***Mouillage***, l'onde moutonne, les navires se balancent sans effort, pendant qu'au loin quelques voiles fuient, que tout près d'autres se bercent sur les flots; et puis, du ciel et de la mer à l'infini. S'il peint quelques désastres, les nuages se heurtent, la foudre les sillonne, les bâtimens s'engloutissent. Tout y est habilement étudié : c'est, comme le vieux Vernet, un observateur profond qui ne hasarde rien.

M. Malbois ausssi a fait de bons paysages. Le n° 150 est d'un effet délicieux, habilement éclairé, avec un bon échelonnement de plans, et d'excellens détails savamment heurtés.

Nous avons encore admiré d'autres dessins à la plume, d'une inconcevable patience de détails, exécutés par M. Sourdon de la Coretterie. Ses deux *Paysages*, car ce sont de vrais paysages, avec de magnifiques arbres bien onduleux ou fortement noués, des ciels nuageux, des eaux transparentes, etc.; ses deux paysages sont dessinés avec une légèreté, une pureté de dessin remarquables. Ces deux dessins ne le cèdent en rien à la gravure.

M. Gerlié a fait aussi à la plume, dans un autre genre, un *Napoléon* à cheval, qui atteste une grande hardiesse de trait, facile à concilier par l'auteur avec la richesse des détails.

SCULPTURE. — BAS-RELIEFS.

MM. BENEZECH. — BROUSTET. — CARCENAC. — CLUZON. — LAPUET. — MOLCHNEHT, DE PARIS. — MOULIVE. — PESARO. — ROMAGNESI AINÉ. — SALAMON. — VALOIS. — BERGUS.

A ces onze noms appartient tout ce qui tient à la statuaire ou à la sculpture dans l'Exposition de cette année. On sait que cette branche de l'art est toujours moins féconde que la peinture, mais nous nous hâtons de dire que, pour être en petit nombre, quelques œuvres des exposans sont très-remarquables.

Nous commencerons notre examen par MM. Benezech et Salamon. Le premier avait une réputation méritée à soutenir; le second avait à faire la sienne: nous croyons pouvoir affirmer que l'un et l'autre ont atteint leur but.

M. Benezech n'a pas fourni moins de 19 numéros, soit bustes, soit esquisses, études ou statues; je dis numéros, parce que 8 bustes demi-nature, étant sous le même n°, on compte ainsi 26 ouvrages de cet artiste, les uns en marbre, les autres en plâtre, bronze ou petit bronze.

Aux n°s 252 et 253 se trouvent deux *Vierges à l'Enfant*, d'une pose peu différente: la première est humble, largement drapée, mais, peut-être, gracieuse jusqu'à un peu de mignardise dans les mouvemens; de même l'Enfant-Jésus nous a paru plus beau que divin. Le n° 253 a une expression plus douloureuse, plus mystique. Dans ces deux œuvres de mérite, on remarque de la correction dans le dessin, et de la rondeur, sans mesquinerie, dans les contours.

Les bustes en marbre de M. Benezech attestent qu'il sait tenir le ciseau, et ses portraits qu'il saisit admirablement la ressemblance. Son esquisse de ***Riquet*** (statuette), est bien posée, sans manière comme sans trivialité. Dans ce jet, on voit des élémens pour fournir une statue digne de décorer le pays qui a vu naître le grand homme, ou la ville où s'arrêta l'accomplissement de ses gigantesques et merveilleux travaux. On doit compte à M. Benezech d'avoir eu la pensée de réveiller les souvenirs sur un des plus vastes génies du grand siècle, et des temps modernes. Dans le buste qu'il en a fait, en grand, on aperçoit dans la tête de Riquet une noble sollicitude qui annonce un grand travail de pensée.

Son ***petit Enfant, sur un coussin***, est bien endormi et modelé avec fermeté : au nombre de ses portraits nous avons remarqué celui de l'auteur et celui de Jasmin, qui est à cette heure dans nos murs, où il est venu lire et dédier à Toulouse son dernier poème, intitulé : ***Françounetto.***

M. Salamon s'est placé, d'un bond, au rang de nos meilleurs artistes statuaires de province. Sans parler d'un excellent groupe en bois, ***d'une mère de douleur***, de grandeur naturelle, où la sévérité du dessin, la douleur expressive des têtes et la souplesse des mouvemens ne sont jamais contrariés par les difficultés qu'ont dû présenter la matière, son ***Génie funèbre*** suffirait, non-seulement pour établir, mais même pour consolider une haute renommée. Dans cette composition, très-remarquable, il n'y a peut être rien à reprendre : la pose est grâcieuse et noble à la fois sans perdre la dignité et l'abandon de la douleur ; le dessin en est pur et d'une correction antique, les lignes et les contours harmonieux : la tête, pleine d'une douce expression de tristesse et de résignation, se penche pensive et éplorée en détournant ses regards de l'urne funéraire qui cause sa douleur, et sur laquelle s'appuye le bras qui supporte son corps à demi-incliné. Ses bustes sont tous bons, pleins de grandeur, d'expression, entr'autres celui d'un ***Guerrier*** du moyen-âge qui respire une fierté toute chevaleresque. Les ***terres cuites*** de M. Salamon annoncent qu'il sait manier l'ébauchoir avec hardiesse. Le plus bel avenir attend cet artiste dont les progrès ont étonné tout le monde. On le dit élève de M. Benezech : il est glorieux d'avoir formé un tel talent.

M. Broustet mérite des éloges et de l'encouragement pour avoir eu la pensée, comme M. Benezech, d'immortaliser les traits d'un des bienfaiteurs de notre cité. La statue colossale du ***cardinal de Brienne***, archevêque de Toulouse, est majestueuse, d'un ensemble correct. Cet ouvrage fait honneur à M. Broustet, qui a encore exposé un ***Saint Antoine de Padoue*** caressé par l'Enfant Jésus. Cette dernière production n'est guère qu'une esquisse bien heurtée, dans le style des saints du moyen-âge, destinés à embellir quelque niche de chapelle.

Le ***David, vainqueur de Goliath***, par M. Cluzon, avec de bonnes qualités, laisse apercevoir des défauts évidens. Sans parler du dessin, peu distingué dans certaines parties, nous blâmerons la pose trop académique, trop cherchée. La tête de Goliath surtout n'a aucun des caractères que l'on doit supposer à ce fier géant-philistin. Aucune contraction n'altère ses traits, aucune douleur n'anime cette tête qui sourit presque, suspendue à la main du jeune pâtre vainqueur.

Un élève de Toulouse, entretenu pendant quelques temps à Paris aux frais de la ville, a envoyé une statue allégorique représentant ***la Cité palladienne, protégeant les sciences, les arts, et leur distribuant des récompenses***, aussi bien que plusieurs bas-reliefs qui révèlent un talent distingué. M. Moulive a traduit sa reconnaissance envers son pays sous les traits de la statue déjà mentionnée. L'ensemble en est bien et sagement étudié, mais la figure en entier n'a rien de neuf comme pensée ni comme forme plastique. On reconnaît ici l'imitation du chef-d'œuvre de l'école d'Athènes, de la Minerve de Phidias. On ne saurait mieux choisir, comme école, lorsqu'on ne crée pas.

David jouant de la Harpe devant le roi Saül pour calmer ses fureurs, est aussi un sujet souvent traité, mais qui offre des contrastes si séduisans, que le sculpteur ne résiste guère au désir de les mettre en œuvre. M. Moulive a réussi dans cette composition, qui est bien ordonnée et dramatisée avec goût et sentiment. Dans la pose de David règne une timidité et une modestie d'un excellent caractère, qui contrastent bien avec la fureur et les efforts menaçans de Saül qu'un des officiers de sa maison, probalement, essaye de retenir jusqu'à ce que l'harmonie du jeune berger ait calmé ses emportemens furieux. Nous aimons beaucoup la figure intermédiaire dont l'inquiétude et la douceur présentent, avec le naïf empressement de David d'un côté, et le désordre de mouvemens de Saül de l'autre, un groupe plein d'intérêt et de physionomies diverses.

Son ***Etude*** d'après nature est d'un dessin bien accentué; toute la partie myologique, tout ce qui tient au travail des muscles est habilement accusé et mis en mouvement.

M. Valois n'est point un artiste sans talent, bien au contraire. Comment se fait-il qu'il n'ait pas aperçu que la jambe gauche de la statue de ***Cujas*** (en bronze) est courte ? A cela près, on ne trouve guère qu'à louer. La tête du savant jurisconsulte de Toulouse est belle, méditative; le dessin en est facile, et la robe magistralement drapée.

On regarde avec plaisir des fleurs modelées, en terre cuite, par M. Lapuet, de Béziers : c'est une couronne impériale, un bouquet de roses du Bengale, un camélia, une branche de lilas, épanouis le mieux du monde, et une jolie corbeille sculptée.

De M. Romagnesi, nom avantageusement connu dans l'art du statuaire, nous trouvons *deux Vierges, une Mère des douleurs*, une *Vierge à l'Enfant* et *deux Adorateurs.* Cette mère de Dieu, dont le sein est percé par autant de poignards (sept) que son fils a reçu de blessures, est, selon nous, la *matérialisation*, qu'on me passe le mot, de peines et d'angoisses morales que l'art ne devrait jamais se hasarder à traduire par le marbre ou la couleur. Qu'on laisse à la foi, à l'amour du chrétien à méditer, à s'attendrir sur tout ce que le spectacle de la mort de Jésus dut offrir de douloureux à sa mère : un peu de recueillement aux pieds de la croix toucherait cent fois davantage le cœur du fidèle que l'aspect de ces couteaux fichés sur le sein de la Vierge.

Nous reconnaissons cependant de la douleur, de l'expression dans la tête, et dans sa *Vierge à l'Enfant* une pose distinguée, un dessin hardi, et des étoffes largement posées. Nous aimons moins ses adorateurs, que nous trouvons trop *matérialisés* aussi. Nous voudrions dans ces créations célestes que la foi rêve si pures, si belles, plus d'idéalité, plus de poésie : hélas! laissez l'humanité aux choses terrestre !

L'Aristée, de M. Carcenac, est une grâcieuse création qui nous reporte vers nos souvenirs classiques. Qui ne se souvient des beaux vers de Virgile, en voyant cette toute petite figure penchée avec désolation sur sa ruche, au bas de laquelle expirent, ou se trouvent déjà sans vie, ses chères abeilles. Nous croyons que l'épaule droite est trop éloignée de la tête et ne suit pas assez le mouvement du corps. On voit, du même, quelques autres productions où se trouvent de bonnes choses.

M. Molchneht a envoyé de Paris une *Vénus désarmant l'Amour*. Nous n'avons point examiné avec assez d'attention cette statue en bronze pour la juger avec assurance et d'après notre conscience artistique, pressés que nous sommes par le temps ; cependant nous pouvons dire que l'ensemble de ce groupe nous a paru offrir dans les mouvemens, et dans les formes de la déesse, comme dans celles du jeune dieu, un dessin puisé à l'idéalité de l'école grecque.

M. Pesaro, sculpteur sur albâtre, a exposé un *tombeau de Napoléon* habilement ciselé; et M. Bergès plusieurs ouvrages, en marbre de Saint-Béat, d'un travail qui fait honneur à un ouvrier marbrier.

PEINTURE SUR VERRE. — GRAVURE, LITHOGRAPHIE.

La peinture sur verre, perdue pendant si long temps, s'évertue à orner de nouveau nos basiliques. MM. Bontems, Bouzeran, Nozan, Fouque Arnoux et Comp^{e}, ont fourni des vitraux où la composition et la richesse des couleurs le disputeraient aux belles teintes des rosaces, et surtout aux compositions du moyen-âge. On remarque quelques bonnes imitations, en ce genre, des vitraux du 12e et du 15e siècles.

La lithographie est en bonne voie à Toulouse. MM. Constantin, Mercadier, Raynaud, Sudre, Bonnet, ont fait assaut d'habileté. Sans empiéter sur les droits exclusifs du juri, nous nous contenterons de dire que chez tous, lithographes ou graveurs, se trouvent d'excellentes choses, et une louable émulation.

Des éloges, aussi, à M. Jules Desportes pour son cadre renfermant les productions *Lithographiques* de quelques élèves de l'Institut des Sourds-Muets, — à Mlle Pinavère de Paris; — et à M. Moquin, pour sa *Mappemonde*, dessinée à la plume.

ARCHITECTURE.

MM. RAYNAUD ET BONNAL. — CHAMBERT. — ESQUIÉ. — GONIN. — MAURETTE. — TOURNEL. — DELORT.

Quels regrets on éprouve, en voyant les magnifiques projets de nos architectes, de ne pouvoir les réaliser sur-le-champ! Si notre bourse municipale le permettait, MM. Raynaud et Bonnal vous offrent des dessins pour exécuter des galeries et un bazar servant de promenade couverte pour la place du Capitole, qui rappellent les belles galeries, les élégantes arcades du Palais-Royal, à Paris. Tout en est du meilleur goût : nous en disons autant de leur marché couvert projeté pour la place d'Orléans, à Toulouse.

Avec M. Chambert vous embelliriez plusieurs rues de notre cité; vous construirez un théâtre de plus, et une halle ou marché-couvert sur la place Dupuy, faubourg Saint-Etienne.

M. Esquié vous ferait édifier une magnifique église, d'une grande richesse de style. — M Gonin vous donnerait un plan pour un hôtel-de-ville et un tribunal de commerce.

M. Maurette nous fait connaître les Thermes de Luchon, tels qu'ils sont en 1840, et M. Tournel, un charmant projet de ***Maison de Campagne***.

Enfin, M. Delort élèverait sur la place du Capitole, en face de l'Hôtel-de-Ville, un des plus beaux théâtres de France

FIN.

www.ingramcontent.com/pod-product-compliance
Ingram Content Group UK Ltd.
Pitfield, Milton Keynes, MK11 3LW, UK
UKHW021649260726
13994UKWH00003B/1367

9 782329 387635